戦争は終わるのか

―平和論と戦争論―

坂元 輝

鳥影社

はじめに

主テーマ、「ひとは、なぜ戦争をするか。戦争の名で、ひとを殺せるか」。ひとの罪、戦争の罪について、考えなければならなかった。どんな罪論があるか、調べたけれども、虚しかった。原罪、これは、ひとの罪のなにかを知らないと思った。主テーマを納得させるものは、なにもなかった。自分で考えるしかない。ひとの罪は「食即罪」から始まった、「第一の罪」。新アニミズム。平和について、宇宙や自然について。聖なる三位一体、悪の三位一体。ひとの脳・こころについて。文明・文化のグローバルとローカル。無数の神々の存在は、なにを意味するか。言葉についての思索。言葉のいろいろ……その性格、平和と言葉、美しい言葉、麗しい言葉、汚れた言葉、戦う言葉、第一の罪と言葉。

三歳で、大戦が始まった。そのときから、冒頭の主テーマは、生涯のテーマとなった。ひとの罪、戦争の罪を知らなければならない。戦争の名でひとを殺す。自分は、そのひとりに生まれている。テーマの追求は、第一に、自分のため、第二に、戦争で命を落としたひとたちへのレクイエム、第三に、後からくるひとたちのため。だれもやっていない。ヒントはない。文章に書けるところまで、思索がまとまるとは、考えもしなかった。人生これ一本。三歳より始めて、七十八歳で終わった。七十八歳のうち、七十五年間考え続けたのだ。昼も夜も、夢のなかまで。

なお、文中の〝※わたしの造語〟については二四六頁および本文を参照していただきたい。

戦争は終わるのか

——平和論と戦争論——

目次

戦争は終わるのか

――平和論と戦争論――

第一部　戦争

開　戦

一　十二月八日

「困ったことになった。戦争になった」

母は、物干し竿に、洗濯物をかけながら、ひとりごとのように言った。しばらく、沈黙があった。ぼくは、そっと訊いた。

「戦争って、なぁに？」

「戦争はネ、ひととひとが殺しあうのよ。ひとは、怖いよ。ゆう霊よりも、お化けよりも」

ゆう霊よりも、お化けよりも、ひとが怖い、意味が分からない。そう言った母もひと、父や姉たちも、ひとなのに。道で会う、隣のひとたちもひと。ゆう霊よりも、お化けよりも怖い。

ぼくは、びっくりして、そして、なにがなんだか分からなくて、黙ってしまった。母の緊張した顔、これまでに見せたことのない様子が、ぼくを押さえつけた。どうしていいのか、どうなるのか。体が、冬の寒空に、飛んでいきそうだった。押し黙ったまま、泣くのさえ忘れていた。「お母さん、ぼくをつかまえていて」、そう言いたかったが、それも言えない。このときぼくは、まだ三歳の、なにも分からない幼児だった。……これが、ぼくの人生の始まり。文字通り、ひとりのひとの人生の始まりとなった。

この出発点に、この後、多少のものが積み増されるけれども、生き様、テーマ追求の原点は、これ以来、なにひとつ変わらない。このひとにまつわる謎は、「戦争する人間不信、その大人たちへの不信」となっていった。そして、この謎の解明のために、生涯を一直線に、貫くことになる。

開戦の日、母との運命の会話は、昭和十六年十二月八日の朝、たぶん九時か十時のころかと思う。当時、洗濯は、洗濯物をタライに入れ、水道水で洗うのが普通だった。農家は、大抵は井戸を持っていた。井戸のある家は、井戸水で洗濯をしていた。冬はあったかく、夏は冷たくていいと、持ってないうちからは、羨ましがられていた。

母は、その朝、いつものように、タライ、水道水、洗濯石鹸《せっけん》で、洗濯していた。洗濯板で、洗濯物をごしごしこすって洗う。氷が張るような寒い朝は、ナベにお湯を沸かして入れた。それでも、主婦は、しもやけやあかぎれに、悩まされた。あかぎれは、傷口に薬やあぶらを塗《ぬ》り込む。しもやけは、腫れたところを針でつついて、黒く濁った血を指で押し出す。からす瓜《うり》で、治療するとも聞いた。あぶら薬を塗りつけて、その上に油紙を当て、包帯で巻く。それでなんとかこらえて、毎日、家事を続ける。当時は、今よりも大家族だったので、その負担は、半端なものではなかった。

九州でも、冬は、みぞれや粉雪が舞う。それも北の福岡平野では、関東平野のように遮断する山がないので、玄界灘の北風が、ストレートに平野を吹き抜ける。クリームはない。薬もあまりない。あかぎれやしもやけなどに、主婦は悩まされ続けた。温めると、しもやけは、かゆい。皮がパックリと口を開けたあかぎれは、ズキズキ痛む。夜は、かゆみと痛みで、眠れないとこぼした。

これは、なにも主婦だけではない。当時、人足と呼ばれていた家づくりの職人も、そんな状況のなかで、仕事をしていた。家づくりには、大工さん、左官やさん、瓦職人などがいた。左官やさんのなかには、壁土をこねる見習いのひとたちがいた。人足の仕事である。

外壁は、板を張る。内壁は、土壁である。土壁には、手間がかかった。竹を割って細くしたものを、縦横に組んで、細い縄で編んでいく。この竹小舞を壁の広さに拡げ、これを芯にして壁の広さに張り、固定させる。そこに壁土を塗りつけていく。最初に、赤土で下塗りをする。乾いたら、白土で上塗りをする。赤土を塗るときに、塗り止めできるように、そこにわらを切り込んで入れなければならない。切り込んだわらを混ぜ込むことで、赤土壁がずり落ちない。

赤土をコテで塗っていく。この赤土をこねる作業が、冬場は、つらい仕事だった。板でできた大きな箱に、赤土と切りわらを入れ、水を足す。これが、材料だ。人足は、そこに裸足で入る。それを、足で踏みながら、こねていく。この作業は、左官見習いのつらい仕事だった。足はしもやけ、あかぎれになる。その足で、さらに、その現場の壁土の作業が終わるまで、足でこね続ける。

作業員の呼び名は、時代と共に、人足、人手、人夫、土方、労働者、作業員と変わっていく。大工さんから見て、大工さんの仕事以外を担当する職人さん、例えば、このような左官の仕事、屋根瓦の仕事などをするひとを、下職と呼んだりした。（これらの職人さんの呼び方は、今は、差別語かもしれない。しかし、これらの職業のひとたち、人夫、土方などは、わたしには、なつかしい。このひとたちに、二十歳前後まで育てられた。農業、漁業、たぶん林業のひとたちも、非常に高い人格を持っていた。人格者がたくさんいた。学校出になにが分かるか。現場のことは分からんくせに、口を出してくると、よく言っていた。身内の者が土建業を経営していて、わたしは、そこで手伝っていた。）

二　幽霊よりもお化けよりも

開戦の朝、母が、言った。「ひとはね、ゆう霊よりも、お化けよりも怖いよ」。ぼくは、その意味は、分からなかった。「ひとがひとを殺す戦争」の意味も分からなかった。しかし、母が「困ったことになった」と言い、「ひとは、ゆう霊よりも、お化けよりも怖い」と言ったときの、それまで見せたことのない厳しい表情から、その困ったことの意味が伝わってきた。「困ったこと」が、三歳のぼくにも移り、母と同じような険しく泣き出しそうな表情をしていたに違いない。空は、どんよりと曇っていて、そのとき雪は、降っていなかったけれども、一面、情けない雲に覆われていた。博多の冬は、玄界灘を渡ってくる大陸の気象を、そのまま直接に受ける場合が多い。どんよりと曇っているだけではない。曇っているかと思うと、突然、みぞれや粉雪が舞う。そして、突然光が差してくる。

博多のひとの気質は、明るく、屈託なく、少々荒っぽいところもあるのは、この気候の変化そのものに思われる。これは、冬ばかりではない。夏は夏の豪快に変化する気象が、土地のひとの性格作りに影響を与えているのではないかと思う。

母は、そう言いながら、冷たい洗濯物を、長い竹の物干し竿に干していた。

そのころは、ゆう霊もお化けも、よく出た。子供が、ふたり三人集まって、なにもすることがない場合、ゆう霊もお化けも、よく出るものらしい。テレビ、パソコン、ゲーム、携帯などの溢れる昨今でも、若いひとが、そう話していた。しかし、それはまれだろう。戦前、戦後のあの時代は、メンコ、おはじき、お手玉くらいが、室内ゲーム。正月に、いろはカルタくらいのもの。トランプはない、百人一首は、まれ。外では、なわ跳び、石けり、かくれんぼ、木登りなどが主力だった。

家の内でも外でも、疲れたり、遊びに飽きたりすると、決まって、ゆう霊やお化けが出た。子供たちは、木陰に集まった。縁側のこともある。神社の境内のこともある。語り手は、年上の子供の役割だ。彼らの趣味か娯楽のように、怪談話が始まった。聞き役、聞かされ役は、年下の務めのようなものだ。怖いからと、脱落するのは、後で問題が生じる。つまり、仲間から無視されるとまではいかなくても、この後は、居心地がよくないことになる。「あの子は、臆病者だ」となる。

夏になると、大人までが、演者になる。縁側や板作りの長椅子にすわって、うちわでパタパタと蚊を追っ払いながら、声を落として、ぶつぶつ始める。柳の下の、白い着物を着たゆう霊は、定番だった。

ゆう霊とお化けでは、出る場所が違っていた。ゆう霊は、柳の下、墓地、お寺、夜の病院、農家の外便所など。ゆう霊のほか、一つ目小僧、ノッペラボウも、出た。お化け、河童《かっぱ》、キツネ、タヌキなどの出る場所は、村の夜道、河原、田んぼ、畑、神社の近く。キツネは、若い綺麗な娘さんに化けることが多いらしい。タヌキは、悪戯をする。畑の土をひとに向かって振りまいたりする。

どこかの家で祝い事や法事があって、夜道を歩いて帰ることになる。その手土産に誘われて、藪《やぶ》でカサカサと音がする。出た。それを狙って、狐狸《こり》が現れる。少し先に、提灯《ちょうちん》の灯りが見える。あるいは、こんなところに家はないのに、家の灯りがもれている。不思議に思って近づいていく。そうして気を取られている、その隙に、手土産を持っていかれる。狐狸は、タバコが嫌いだとか、タバコの火が嫌いだとか、言われていた。少し、周囲が騒々しくなる、暗闇に提灯の灯が見えたり、月夜の晩に、綺麗な娘が現れたりすると、慌ててはいけない。道端に、どっかと腰を下ろして、タバコを一服すると近寄らないらしかった。去年の夏に、どんど川の土手で、河童を見た。この前、村の三本柳のところで、白い着物を着た女を見た。昨夜、北浜漁港で、船具を持った海坊主を見た。越中ふんどしをはいていた。射るような目玉は、怪しい光を発していた。

「今夜あたりは、危ない。きっと、出るぞ。風は、妙に、なま暖かいし、な」

口は笑い、眼は引きつっている。どこまでが本当で、どこまでが作り話か分からない。話し手は、見てきたように、真に迫って話し込む。聞かされる者は、かたずを呑んで、その世界に引き込まれてしまう。ローカル色の濃い話、あるいは、話し手の巧みな即興ばなし。話し手は、相手の顔色を見て、ますます調子に乗る。調子に乗るのはいいけれど、自分も怖くなって、泣き出しそうになったりする。このようなゆう霊やお化けのはなしは、ぼくのずっとずっと前の時代から、語り継がれていたのではないだろうか。昔から続く、夏の出し物だったろうか。大人も子供も、そうして暑い夏を、楽しんだのだろう。

戦前、ぼくはまだ幼かったので、そこにはまだ加わっていなかった。これらの話は、戦後になって、夏の夜に聞かされた。民話のように、出来上がった話ばかりではない。集落のなか、遊び仲間のなかで作られる。闇夜、村の祠《ほこら》に、綺麗な娘がいた話や、夜、川の真ん中のあしはらに、釣り人がいた話。深い流れを渡っているのに、着物が濡れていない。ひとのいないところ、川の淵などに近寄るな、危険を教えていたのかもしれない。河童の話は、全国いたるところにあって、幾世代も語り継がれていたのではないか。子供への危険教育だけでなく、大人たちの娯楽のひとつだったのかもしれない。それはまた、大人と子供の世界をつなぐ、親密な交流の場になっていたのではないか。

実話も、いくつかある。そのひとつ。

戦後すぐは、トラックは、まれにしか走っていなかった。鮮魚を市場に出荷するのに、早朝、船からあげた鮮魚を、鮮度の高いまま、一分、一秒を競って市場に運ぶ。他に遅れをとると、値が下がる。港から国道をスピードを上げて走る。保冷庫はない。板づくりの魚箱を、何段も積み上げた荷を、魚が傷まないうちに一刻も早く、市場に運ばなくてはならない。積荷の重心が上にあって、カーブで横転したりする。魚は、道路一面に、まき散らされてしまうケースもあった。

戦後すぐの、そんな時代のこと。夜道を走っていると、ヘッドライトに、急に、恐ろしいものが浮かび上がる。前髪をたらし、口に櫛《くし》を真横にくわえ、女がひとり田舎道を歩いている。なにかの都合で、例えば、隣の集落や村に出かけて、帰りが遅くなった。トラックが国道を一時間に、一台とか二台とか通ったかどうかの時代。普通車は、皆無。「魔除け」と呼んだ。これは、ゆう霊ではない。生活の知恵である。夜の田舎道の女のひとり歩きは、こうして身を護った。知っていても、実際に遭遇した運転手さんたちは、とても怖かったと、述懐した。

現在とは、生活環境は、なにもかも違う、生活そのものも違う、生活用品も違う。違いすぎて、比較できない。説明しても、あの時代に生きていないひとに、分かるだろうか。

ラジオは、多少普及していたか。我が家には、ラジオと、手回しの蓄音器があった。蓄音器で、父が、浪曲を聞いていたようだ。針は、鉄製。潰れると、サンドペーパーで磨く。それもダメになると、竹をつまようじのように尖《とが》らせて、針の代わりにもしたらしい。浪曲（浪花節《なにわぶし》）のレコードのなかに、珍しいレコードが一枚あって、それを聞いた記憶がある。珍品のレコードが一枚あった。ムソルグスキーの「蚤《のみ》の歌」を、有名なバス歌手、シャリアピンの演奏で聞いた。ロシア民謡、「ボルガの舟歌」も聞いたのを、覚えている。一九三〇年代の初めごろ、シャリアピンが、来日している。

満州で大学を卒業した従兄の話。戦前、まだ日本と満州を行き来していた。このお客が、「ロシア人は、ひとなつこくて、いいひとたちだ」と言っていたのを、五、六歳のころに聞いた。これは、戦前の日ソ不可侵条約が機能していた時代の、友好的な経験談である。(終戦のわずか三ヵ月前、ロシアは、この条約を一方的に破棄して、日本を攻撃してきた。残念でならない。講義のなかで、ことあるごとに怒っていた社会科の高校教師がいた。しかし、それが、世界史の一面でもあるだろう。この熱血漢は、冷静な態度になれなかった。この教師は、新聞配達で大家族を支え、そして秀才だった。体が弱くて、海軍士官学校に入れなかった。後に、海軍兵学校の図書館で働いた)。

戦後、ロシアに抑留され、あの厳寒の地シベリアの炭鉱で、五年間強制労働させられたおじさんが、隣に住んでいた。

「ロシア人は、ひどい。ひどい目にあった。生きて帰れたのは、奇跡だ。幸運としか言いようがない。本当は、自分も死んでいた。沢山の戦友を亡くした。戦争は、たくさんだ。もう、コリゴリだ。平和がいいですよ。食事は、たばこピースの箱一個と、塩水一杯」と怒り、嘆いていた。炭鉱での経験談を詳細に話した。それは、ここでは書きたくない。つらすぎる。

「中国人は、いい人だ」もある。「中国人はひどい」と言っていた引揚げ者の話も、ずいぶん聞かされた。ロシアは、あのときシベリアの囚人たちを解放して、戦後処理にあたらせた。この飢えた連中が、満州から引揚げる日本人を、追跡してきて、「日露戦争の復讐だ」と、荒ぶれたという。その略奪、虐殺は、凄惨を極めた。時計が好きで、何個も腕に巻いていた。ロシアでは、腕時計はないか、あっても、たいそう貴重なものだったという。

「もう、戦争は、コリゴリだ。あんなバカなことをして。第一、アメリカと戦争して、勝てるわけがない」

日本人の引揚げ者や元軍人の話も、山ほど聞かされた。「日本人が、あんなにひどい人間だとは、考えもしなかった」。みんな同じことを言っていた。なに人ではなく、戦争やある極限状態になると、ひとが、どのような生きものであるか、これらの体験談は、示している。

本数冊分は、聞かされた。詳細は、書く気がしない。引揚げてきて、彼らは、その体験や経験をだれかに話さなければ、血が鎮まらなかった。あの真剣な眼差し、それも、数ヵ月前の経験もある。数年前の話もある。彼らの話に、嘘も、フィクションも感じられなかった。

「日本人が、あんなに悪いとは、考えもしなかった」や、日本人の戦慄的な体験、経験を知ると、「ひとは怖いよ。ゆう霊よりも、お化けよりも」。この母の言葉が、戦前、戦後、その後もずっと、実感させられた。このような体験談を、夏の夜、引揚げ者たち、旧軍人たちが、よく話をした。博多の港は、引揚げ港だったので、とくにそんな話をするひとたちが、集まっていたのだろう。

わたしは、海辺で育った。戦争末期、アメリカのB29と地対空戦をやって、日本軍がぼろぼろにされた海の中道が、いつものように見えていた。能古島《のこのしま》も志賀島《しかのしま》も、戦争はなかったかのように、穏やかな博多湾に浮かんでいた。海辺で遊んでいた。突然、轟音《ごうおん》が響いた。体が、緊張で硬直した。数キロ先の海、遮るものはなにもない。轟音は、ストレートに体に響いた。機雷が爆発した。すぐ、タコの頭のように先が丸くなった水柱が、立ち上がった。博多湾には機雷が多くて、引揚げ船が、危険にさらされる。引揚げ船は、舞鶴港や佐世保港に帰還するようになった。驚きの話、聞きづらい話、これらの話は、国内とはまた別の世界の事実が展開されていた。戦闘をした軍人たちの話。戦場の機関銃射手として戦った軍人の話。盧溝橋《ろこうきょう》事件の傍にいた、元軍人。

学校では、クラスの引揚げ者たちが、進んでよく話をした。満州国大尉の話。馬にまたがって、大陸の奥まで転戦した指揮官の話。戦前、駆逐艦一隻の司令官として、ドイツに赴いた海軍将官の話。山本五十六元帥と会話をかわした、その話。……わたしに直接この話をしてくれた将軍。世話になっていたけれど、わたしの正義感が収まらなかった。通い詰めで、抗議を続けた。その後、彼の人生は詐欺の被害者となり急落した。わたし、十六歳。（テレビ……二〇一四年、ヒットラーは、海軍が弱くて、悩んでいた。テレビ……二〇一五年、この将軍、魚の鱗《うろこ》から人工真珠を造ると研究していた。ヨーロッパの旅番組の一コマで、魚の鱗から造られた真珠が、映し出された）。南方作戦に参加した兵士たちの話。敵との地獄の戦い、死闘。軍隊内部の摩擦。兵隊同士の残忍さ。生きものは、なんでも食べた話。軍靴を煮て、その汁を飲んだ話。木の皮、土まで、口に運んだ。死の行軍。同じ部隊内の弟が、傷ついた兄を見捨てて、逃亡する兵士のこと。「人間は、ああなるんだよ」。事実は、もっと、悲惨で、残忍な内容ばかりだ。

昔、アフリカの部族間では、対立する相手を滅ぼし、相手のツワモノを捉えて、それを食べると、自分もツワモノになれると考えられていたという話がある。日本の縄文時代、遺跡から、幼児の骨がみつからない。飢饉のとき、なにを食べたか。飢饉の記録を書いた記念碑から、ある部分が、後に削り取られていること。大陸のある地で、子供の誘拐が度たびあった。近くの肉まんが美味しくて、評判になっていた。結局、原因が分かった。ある果物に似た、味がするともいう。わたしが知っていた医師、自分の胃を切り取った際、カレーに入れて食べた。筋っぽくて、喰えないと。そこのスタッフに聞いた。こちらは、戦後まもなくの話。これらの猟奇的な事柄は、戦争という非日常、特殊で過酷な環境の出来事であるけれども、ひとの脳・こころ《※わたしの造語2参照》の奥に、このような行動を起こす第一の罪《※わたしの造語1参照》の、メカニズムが織り込まれていることを知らされる。ひとのなんたるか、ひとの罪のなんであるかを知らされる。

　これは、絶望か。もちろん、絶望だ、しかし、完全な絶望ではない。なにか希望はないか。希望の持てるものはないか。ないとは言えないだろう。ちょっとした、発想の転換。「ひとは、アホで賢い」。それはローカルから離れ、グローバルに向かうことである。ローカル思想から、グローバル思想へ。ローカルの罪深い人間臭さから、地上にひとが現れる前にあった、宇宙、自然を受け容れることである。これ以外に、どこまでも深く広くなる罪、闇の闇のラセン道路を下るのを、止める方法はないように思う。平和は、戻ってこない。しかし、平和を仰ぎ見て、ひとひとりの人生はもちろん、ひと類《※わたしの造語4参照》全体の流れに、平和、すなわちグローバルの脳・こころを目覚めさせることのみが、希望ではないか。それに基づいた思想、文化の再形成が必要ではないか。ひとの歴史を、もう一度やり直すなど、困難なことだろう。言うは易しだ。これも、夢物語か。

　これらの戦争の話は、終・敗戦直後に始まり、三、四年は続いた。その後は、聞かれなくなった。食べ物が回り始めて、失業者対策などで仕事につけるようになったのと、関係していると思った。

　戦前、電灯があって、ラジオがあれば、庶民の家庭ではこれが普通で、これ以上の生活は、望みようがなかった。望んでも、文化が、そこまでで止まっていた。戦後になって、テレビ、電気アイロン、炊飯器、洗濯機、冷蔵庫が次々に現れ、それが普及していくのは、それも、昭和三十年くらいから後だ。電球から、蛍光灯に変わったのも、戦後である。それまでアイロンは、鉄製のものを火にかけて、温めるものだった。そうでなければ、一晩、敷布団の下に敷いた。寝押しである。朝起きて、ズボンやスカートの線がずれていると、その日は悲劇だった。ご飯は、かまどで炊く。洗濯は、手洗い。冷蔵庫の必要な商店の冷蔵庫は、氷を入れて冷やした。そのために氷屋さんが、一日、一、二回配達してくる。夏のカキ氷屋さんは、地面を掘って、そこにおがくずを入れて、氷の解けるのを防いでいた。風呂は、五右衛門《ごえもん》風呂。そうでなければ、銭湯だ。どれもこれも、もっと丁寧に書かなければ、たぶん、今のひとたちには、理解できない日常生活風景だろう。

ここに書いたものは、わずか、七十年前のことである。しかも、日常生活のなかの、ごく一部の電気や家電の話である。科学全般どれもこれも、どれほど変化したかは、想像を絶する。（あまり変化しないのは、一見、ひとの脳・こころである。しかし、実は、脳・こころも部分的に、かなり変化しているのではないかと思う）。電話が普及し始めのころ、どこかの家に引かれると、呼び出し電話をお願いする。相手が、その家に掛けてくると、わざわざ「電話ですよ」と、呼び出しに来てくれる。これは、戦後昭和三十年代のころのことではないか。戦前ばかりではなく、戦後も戦前に負けず劣らず、そんな状況が続いていた。

ゆう霊やお化けが出た時代は、六十ワットの電球が、傘の下に灯っていればよかった。夜、とくに夏の夜は、早々に豆電球にして、節電していた。戦時中は、灯火管制されていた。街中も家のなかも暗かった。暇はある。やることはない。どこもここも暗闇で、ゆう霊もお化けも、出やすかった。「ひとは、ゆう霊よりも、お化けよりも怖い」は、この時代背景があった。聞いたときは、よく意味が分からなかったけれども、しかし、三歳のぼくでも、ひとの怖さが、身に染みた。ここが、人生の始まり、生涯を賭けた「テーマの始まり」になるとは。

三　変なところに、変なものに生まれた

わたしの記憶の始まりは、昭和十六年十二月八日の、開戦の日ではない。わたしが二歳のとき、日本国の暦では、紀元二千六百年に当たっていた。このことは、二歳のわたしが知るわけがないが、後で考えてみると、そうなっている。家のそばの、小さな段々畑にいた。まだ、春にはなり切っていなかった。それでも、陽だまりの畑は、寒くはなかった。母が、くわで土を起こしていた。そのかたわらに、ひとりぽつりと立っていた。下の道路から、歌声が聞こえてきた。

「……紀元は二千六百年、ああ、一億の胸は鳴る……」。小学生、たぶん下級生たちが行列を組み、先生に引率されて、行進していた。手に手に紙づくりの日の丸の小旗を振って、元気よく歌いながら行進している。「旗行列」である。過去には、提灯行列もあったようだ。旗行列は、初めて見た。そのとき「ぼくも小学校に入ったら、あんなことをするのかな」と、思ったような……かすかな記憶がある。この二千六百年祭が、後で計算すると、二歳である。これが、わたしの記憶しているものの、最初のものである。

この小さな畑で、母は、いろんなものを作った。ホウレンソウや春菊や大根やなすなどの、野菜をつくった。カボチャ、馬鈴薯（ジャガイモ）も、そら豆も、エンドウ豆も作った。キュウリは、現在のものより、もっと大きく育てて食べるのが、普通だった。カボチャは、丸いものと、へちまの形をしたぼうぶらと呼ばれるものがあった。ぼうぶらは、つるが、良く伸びた。庭から屋根にはい上がり、秋につるを取り去るときなどに、軒下の思わぬところから、一本収穫することがあった。（熊本民謡の「かすがぼうぶらどんたちゃ、しりひっぴゃって、花盛り、はなざかり」の、かすがぼうぶらではないかと思われる。わたしの推測である）。エンドウ豆は、畑の隅のしの竹を切って作った棚に、はい上がらせた。星形をした馬鈴薯の花、白い花びらに黄色の花弁。そら豆の地味な色、エンドウ豆の美しく伸びた姿やかれんな花を、そのとき覚えた。後に、砂浜にかれんにゆれるハマエンドウを見たときに、このことを想い出した。菜の花が咲いて、黄色や白の蝶々が舞っていた。畑の隅に、きんせんか、のぼりふじの花が咲いていた。その香りは、今でも母との想い出と共に香ってくる。器用な母は、夏には、スイカもウリも作ってくれた。あれは、あの時代、貴重な果物だった。最近は、ごく甘のスイカが、いくらでも食べられる。しかも、ほとんど年中食べられる。しかし、あのスイカ、ウリに勝るものに、あの時以来、出会っていない。楽しい会話も、陽気な笑い声も消えた。

家の内も外も暗かった。それは、子供のわたしにも、感じられた。次に順不同で、いくつか記憶しているものがある。豆腐屋で、でき立ての豆乳を呑んだこと。一個五厘《りん》の大きな飴玉(一厘は、一銭の十分の一)を買ってもらって、ほおばっていたこと、などなど。開戦の日の記憶は、幼児であったわたしにとっても、記念するべき、大きな出来事である。

次に、私的記念日。ここも思索の出発点のひとつになった、大きな出来事がある。わたしの人生のなかの、戦前、子供のころ、経験した重要なもののひとつである。これは、開戦の朝の「ゆう霊よりも、お化けよりも」と、並んでいる。開戦の朝、母との会話から、半年が過ぎていた。どしゃぶりの雨だった。蒸し暑い感じはしなかった。たぶん、その年の梅雨は、陽性だったのだ。九州の梅雨末期は、ドシャ降りになることがほとんどだ。ドシャ降りでも、七月の梅雨末期、梅雨明け寸前だと、気温が急に上がって、むしむしする。家のなかが、カビ臭くなる。畳がカビで白くなったりする。しかしそのときは、むし暑くはなかった。それでこのドシャ降りは、陽性の梅雨の初期のことではなかったか。六月中旬か。笹の地下茎が、庭に伸びていた。これも、それを裏付けるようなものではないかと、思わせるひとつである。

ガラス戸越しに、雨の庭を見ていた。家は、海を見渡せる高台にあった。いつもは、波静かな、博多湾が一望できる。湾の出入り口は狭く、湾というより、大きな海水湖の趣がある。広々として、こころやすらぐ感じのする海である。この狭い湾の入り口のまんなかに、能古島《のこのしま》がある。この能古島が、湾の入り口を分けているので、湾の入り口は、ふたつになっている。

そのひとつ、左が能古島、右が志賀島である。この志賀島は、金印の島である。（これはもちろん、わたしのずっと後の見聞である。この金印は、魏志倭人伝《ぎしわじんでん》に出てくる金印で、展示されている実物を一度、見たことがある。江戸時代志賀島で、たしか百姓の甚兵衛《じんべえ》さんが、畑を耕していて、くわで偶然掘り当てたと、発見された場所に案内板があったような記憶がある。邪馬台国と関係のある金印が、当然いろいろな遺跡がありそうな邪馬台国の、ほかにはなにも出土しなくて、なんでそこに金印だけがあるのか。謎の多い邪馬台国《やまたいこく》の、またひとつの謎ではないか。わたしには、かなり疑問に思われた。この金印が、国宝第一号。〈疑問に思っている専門家がいる。確か、そんな本の広告を見た〉）。

あとひとつの湾の入り口は、糸島半島と能古島が門柱になっている。左が糸島半島、右が能古島にあたる。能古島の向こうに、玄海島がある。湾の入り口のわずかばかりの隙間から、玄界灘が見える。湾内は、穏やかな水色の海、玄界灘は、怖いくらいに外洋特有のダークブルー。

短くくっきりと水平線が望まれる。怒濤《どとう》逆巻く、玄界灘だ。海育ちだけれど、あの色の海では、泳ぐ気になれない。志賀島から右に、低く長い「海の中道」が続き、それは、そのまま湾の東端まで延びて、そこで国道三号線（現在の国道四九五号）にぶつかる。左が北九州方面、右が博多を経て鹿児島に向かう道路である。

豪雨である。雨粒一つひとつが見分けられるかと思われるほどの、白く綺麗な大粒の雨だった。瓦屋根を叩いた。ひとの声は、かき消された。風も強まり、庭に吹き荒れた。赤土色した庭に、水たまりができた。たちまち、小さな池に変わった。高台の家の向こうに、いつもは博多湾が見える。それも、雨に遮られた。低い生垣の上に、水けぶりが現れ、強風にあおられて飛ばされていく。ガラス戸一枚の向こうの、その凄まじい光景に、魅入っていた。おや、池に魚がいる。水面に飛び出しそうなほど、活発に動いている。ちっとも、じっとしていない。こんなところに、魚がいる。二匹か、三匹か、凄まじい雨ではっきりしない。できたばかりの池に、魚がいる。不思議だった。

家の横に、細く水が流れている。少し雨が降っても、山からの清水が、幾日もチョロチョロ流れている。これまでその流れを、魚が上がって来たことはない。見たことも聞いたこともない。変だと思った。博多湾から、その流れを通って、魚が上がって来るはずもない。博多湾の魚は、塩水、海の魚。この池は、塩水ではない。その細い水の流れに沿って、浜の方から、赤手ガニが行き来しているのは、いつも見ている。塩水ではない、雨水・真水、それに流れが急なので、海の小魚は上ってこられない。わたしも、そのくらいは、判断がついていた。猛烈に飛び跳ねする魚は、じっと見ていると、飛び跳ねするけれども、ちっとも、移動していない。変だなあと思った。

そのとき、突然「ひとがひとを殺す」意味が分かった。戦争の意味が分かった。衝撃を受けた。外の豪雨にも負けないほど、大声で、いや、声を殺して泣いた。四歳の子供の体が壊れるほど、混乱した。しかし、幸いの豪雨で、家のだれにも気づかれなかった。「変なところに、変なものに生まれた」と、思った。「ゆう霊やお化けよりも、ひとは怖い」、意味が分かった。そんなものより、ひとは、怖いという。母もひと、父もひと、姉たちもひと。隣のおばさんも、怖いのか。友達も、怖いのか……。分からない。この混乱を、今はもちろん、これからも知られてはいけない。うちのひとたちにも、よそのひとたちにも。

ゆう霊やお化けの話は、たくさん聞いた。しかし、ゆう霊もお化けも、怖いけれども、ひとを殺した話は、聞いたことがない。これだけでも、「ひとは怖いよ。ゆう霊よりも、お化けよりも」ではないか。開戦の朝の、母の言葉の意味が分かった。母の、あのときの博多の冬曇りの空のような、悲しく曇った、張りつめた意味も分かった。父が、兵隊に取られるのではないか。将来、この子も、兵隊に取られるのではないか。母は、そう思っていたかもしれない。僕は、なにか分からない、大きなものにのしかかられるような衝撃を受けて、そこに立っていた。母は、第一次大戦の経験を踏まえて、また、来るべきものがきたのかと、張りつめていたのではないか。せきたられるような気持ちを抑えて、冷たくなった手で、洗濯物を干し続けていたのだろう。豪雨のさなかに、ひととはなにものかを知った。このひと理解が、生涯の研究テーマの出発点となった。

池の面を叩く雨の音は、急にやさしくなった。そこに、小魚の正体が、現れていた。笹の地下茎が延びて、いつのまにか、小指ほどの可愛い笹の葉が、顔をだしていた。笹の葉は左右に、二枚ずつ開いていていた。静かになった池のなかに、ふたつみっつ芽をだしていた。小魚は、飛んだり跳ねたりしていたけれど、泳ぎ回ることはなかった。そうだったか。変だと思っていた。小ぶりの雨は、急に、ぴたりと止んだ。

雨雲を吹き飛ばして、青空が拡がった。このように瞬時に空模様が変化するのは、これも博多のお天気の特徴である。（博多気質は、陽気で、開放的で、ひとなつっこく、少し荒っぽいところは、この極端な気象の変化と、関係があるのかないのか、わたしがそう思われる。古代より、玄界灘を拠点に海賊行為をしたり、されたりの歴史。遣唐使、遣隋使《けんずいし》などを始め、開放された文化交流。侵略したり、されたりの歴史。蒙古襲来や秀吉の出兵。これらの地理的条件も関係していることも想像できる。「津」

の始まりは、「那の津」ともいう。この場合の「那」は、「支那」の那かと、これは、わたしの単なる想像だ。自信はない）。

それまで、豪雨に閉ざされていた灰色の景色は、梅雨明けかと思わせる、豪快な初夏の光をあびて、鮮やかな色彩がもどった。海は、いつもの淡い水色に広がった。空は、悲しいまでに晴れわたり、ぽっかりと白雲がひとつ、浮かんでいた。怒濤逆巻く玄界灘に向かっていた。不安な旅に出るかのように……。空は青く、海は水色に、いつものゆたかに輝く、湾があった。まばゆいばかりの光芒《こうぼう》があった。この豪雨の前と後では、僕は、別世界の人間になったと、思った。四歳。もう、以前には、戻れない。海は、ぼくにやさしかった。

異邦人のつぶやき

（それ以来、日本が嫌い、日本人が嫌い、戦争する大人が嫌い、戦争そのものが嫌い、僕自身が嫌い。何十年も、半世紀以上、「異邦人」であった。その間、わたしは、こころの芯を閉ざしていた。ひとに対し、そんな話は、一言も口にしなかった。しかし、それではつまらないので、いつも陽気に振る舞った。わたしのこころの芯が、分かるはずもないのに、みんなやさしかった。山盛りのやさしさを受け続けた。ひとは、戦争もする。戦争の名で、ひとを殺す。しかし、山盛りの、やさしさも持っている。それが、ひとなんだ）。

四　出征

戦争が始まって、一、二年経ったころ、近所の若者が戦争に行った。小さい子供のいるひとも、兵隊に行った。後で知ったが、新婚で、若妻のおなかに、三ヵ月の子供がいるひとも、兵隊に行った。結婚して、まだ子供のいないひとも、いいなずけや、恋人のいるひとも、兵隊に行った。たしか、一銭五厘のハガキが召集令状だった。これが、赤色だったらしく、「あの家は赤紙が来た」とか、「兵隊に取られた」とか言っていた。兵隊に取られると、生きて帰って来るかどうか、分からない。兵隊に取られる……ほとんどの場合、名誉の戦死、死を意味していた。一銭五厘の赤紙が来た。それは、死であり、悲劇の始まりだった。

兵隊に取られることを出征と言った。お国のために兵隊に行く。表向き、とても名誉なことだった。これは、あくまでも表向きで、家のなか、家族の間では、心痛な出来事だった。

赤紙が来て、出征するまでに、いろいろと準備があったと思う。出征の前夜、親戚や近隣のひとが集まって、祝宴が開かれた。一夜明けると、出征兵士を送り出す。祝宴の後、一夜明けるまでが大変だったようだ。お客が帰った後、それまでの祝宴、歓喜と打って変わって、当家は、一夜、泣き明かしたらしい。父親の立場。母親の立場。兄弟姉妹の立場。妻の立場。子供の立場。「生きて帰ってくることはないかもしれない」。それぞれの思いで、その別れを刻み込んだのだ。こころの奥深くに、宝物のように。

一夜が明けた。やがて、昨夜、祝宴の後、いったん家へ帰ったお客が、ふたたび集まってくる。いよいよ出征の朝を迎えた。家の前に集まって、万歳三唱する。隅々まで寄せ書きされた、大きな真新しい日の丸の旗を、兵隊さんに贈って、晴れの門出を祝う。駅まで行列を組み、みんなで見送りをする。……（ついでに述べる。この情景とは、まったく関係ないけれど、戦前、しばらく戦後も、冠婚葬祭は、自宅で行われるのが普通だった。公民館、式場などの施設は、皆無である。嫁ぐ女性も、近ければ花嫁姿で、両親、身内などに見守られ、嫁ぎ先まで、みんなに囲まれ見送られながら生家を後にした。歩いて行く。飾りたてた馬に花嫁を乗せ、馬で行く。船で行く。葬式の場合も、親類、縁者など、多くのひとで葬列を組んで、火葬場まで見送った。お棺を交代で担いで、あるいはリヤカーに乗せて、葬送行進をした）。

明日は出征という、前夜、祝宴が開かれる。母に連れられて、「明日は出征」のひとの家に、一晩泊りで訪ねた。親戚のひとたち、関係者や近隣のひとたちが、大勢集まった。夕べとなった。みんな宴席についている。主席について畏まっている兵隊さんは、たくさんの漢字の書かれたものを、肩からけさがけにかけている。寄せ書きされた大きな日の丸が、床の間に掲げられた。ひげを生やしたお年寄りたちが、次々に立ち上がって、難しいことをしゃべった。真剣な表情で、強い言葉でしゃべった。ひとりの話が終わると、兵隊さんは、「有り難うございます」と、いちいち丁寧に頭を下げた。いちいち丁寧に頭を下げたのは、兵隊さんだけではなかった。兵隊さんのお父さんも、お母さんも、いちいち丁寧に、深々と頭を下げた。

なかなか、ご馳走は食べられない。先に、お勝手で、お赤飯のおにぎりと、レンコンや里芋の煮物を貰って、食べていたからよかった。子供が幾人かいて、みんなそうしてもらった。でなければ、お腹がすいて、待ちくたびれてあきらめて、となりの部屋で、眠ってしまったに違いない。料理をするおばさんたちは、「遅くなるから、子供たちは、先に食べさせよう」と、気配りしてくれた。あのころは、お腹は、いつもすいていた。それにも慣れて、あきらめて、眠れたものだった。

演説が終わってからは、場の硬さは、一気に緩んだ。兵隊さんは、けさがけにかけていたものを、外した。みんなよく笑い、よく食べた。部屋は、間仕切りのふすまを取り払って、広間になっている。大きなテーブルに、大人たちが車座になっている。おじさんたちだけが座っている。おばさんたちは、ご馳走を運ぶ。お酒をはこぶ。お座敷は、すぐに酒臭くなって、タバコの煙で霞んだ。「ぼくも、たくさん食べて、大きくなって、強い兵隊さんになるんだぞ。お国のために」、隣に座っていたおじさんは、ぼくの頭をなでた。

次々に、お客が立って歌う。手拍子が入る。

「腰の軍刀にすがりつき、連れて行くのはやすけれど、女は乗せない戦車隊（即興で、戦闘機と変わったりする）」。「勝って来るぞと勇ましく、誓あって国を出たからは、手柄立てずに、死なりょうか。進軍喇叭聞くたびに、瞼にう〜うかぶ母の顔」。敵国語の英語は使えない。ここは、ラッパではなく、喇叭。「瞼にう〜うかぶ母の顔」、ここだけをとりあげれば、反戦歌かと思う。「見よ、東海の空あけて……」。「……予科練の〜七つボタンは、桜にいかり。今日も飛ぶとおぶ、霞ヶ浦にゃでっかい希望の雲が湧く」。ボタンは、そのまま歌った。いい加減なものだ。

それまで、酒や料理を運んでいたおばさんたちも、姉さんかぶり（？）を取って、エプロン姿のまま、祝宴に加わった。盛り上がると、こんどは、郷土民謡が歌われ、踊りが始まった。三味線が入り、「ああ、こりゃこりゃ」。「ハイ、ハイ、……」。「ハッ、ハッ、……」。そこは、鹿児島だった。「花は霧島、タバコは国分《こくぶ》〜」。

「おごじょこらこら、ちょのげが落てた、持たんちょのげが、はあ、ないが落つかい」。……娘さん、こらこら手拭いが落ちたよ。持ってない手拭いが、はあ、なんで落つか。……歌は陽気なものが、多いか。踊りは、テレビで見る沖縄の踊りの所作に似ていた。

「ハイ、ハイ」、「ハッ、ハッ」の合いの手も、そうだ。この経験は、たぶん五歳のときだった。

戦争の歌、軍歌は、そこで覚えた。民謡も、踊りも、初めてだった。鉢巻をまいて、木刀を腰にさして、踊るひと。上着は脱ぎ捨て、シャツのボタンは、外した。怒鳴るように、叫ぶように声をあげて、歌う。踊りは、ますます激しくなり、家が揺れている。踊りの輪ができ、いつの間にか、おばさんたちも踊っている。「ハイ、ハイ」。「ハッ、ハッ」。へべれけになっても、飲む。飲んで、飲んで、飲みつぶれる。やがて、ひとり抜け、ひとり帰り、残されたひとは、その家のひとたちと、遠来の泊り客だけとなった。

夜が更けて、静かになった。座敷には、酒の匂い、ご馳走の匂いが、濃厚に残っていた。「明日の朝、片付ければいいがよ。明日は、早いぞ」。みんな床に就いた。家の近くで、フクロウが「ホウー、ホウー」と鳴いた。わたしは宴のさなかに、座敷の片隅で、少し眠っていた。目が覚めると、だれかがわたしを、布団に運んでくれていた。ふたたび寝つこうとするとき、隣の部屋から「ヒュー、ヒュー」と、かすかな音が聞こえた。なんだろう。寝息か。違うようだ。聞き耳をたてた。ひとの泣き声か。明らかに、泣き声だった。押し殺している。冬、北風が電線をヒュー、ヒューと鳴らす。あれをもっと小さくしたようなトーンだ。明日、出征するひとのお母さんだ。こころ細くなって、横を見ると、母は、深い眠りのなかだった。

朝になった。にぎやかなひとの声で、目が覚めた。開け放たれた縁側に、五月のまぶしい朝日が、差し込んでいる。母とわたしの他に、泊り客がいた。わたしは、おばさんを探した。おばさんは、割烹着《かっぽうぎ》を着て、忙しく立ち振る舞い、にこやかに泊り客と言葉を交わしていた。味噌汁と干物を焼く匂いが、流れていた。おじさんたちは、昨晩の元気さが、残っていた。庭に出ているひと。縁側のひと。元気な声で、言葉を交わしていた。

「今日は、いい日だ。お天気も最高。日本晴れだよ、これは」

「今日は、いい日だ。……日本晴れだよ……」、向こうの神社の森に、木霊するような感じがした。朝食の後、兵隊さんは、新しいゲートル（足首から膝下まで巻きあげる、布製の七、八センチ幅の帯）を足に巻き、軍服を着た。戦闘帽をかぶっている。けさがけに、漢字の書かれたものをかけている。

「かつのり、立派になったな」と、声をかけられていた。かつのりさんは、真顔で、緊張している。昨晩の近所のひとたちも、集まってきた。「かつのり」、「かつのり」と声をかけられる度に、「ハッ」、「ハッ」と応えていた。かつのりさんは、神棚、仏壇に向かって、丁寧に礼拝した。外に出ると、そこでも、朝日に向かって、家に向かって、礼拝した。見送りのひとたちに、丁寧に深々と頭を下げた。しくしくと、女のすすり泣きがもれた。傍のひとが、押し殺した声で「泣くな、泣いちゃいかんと言っとったじゃないか」。そのひとは、牛小屋の方へ引きさがって行った。集まったひとたちは、かつのりさんを取り囲んだ。門出の万歳が、三唱された。屋敷のなかに、緊張が走った。門のところで、かつのりさんは振り向いて、深々と一礼をした。

たくさんのひとが、列をつくった。駅までの、お見送りだ。女のひとたちと子供たちは、日の丸の小旗を振りながら、続いた。田んぼには、稲が青々と伸び始めていた。道端には、れんげ草やたんぽぽが咲いていたか。蝶が舞っていたか。行き交うひとびとが、立ち止まって、兵隊さんを見送った。昨夜泣いていた、かつのりさんのお母さんは、いつものようにニコニコしていた。

そのころから、町でも、村でも、都会でも、田舎でも、出征する兵隊さんの「お見送り」の行列は、珍しくなくなる。次々に、戦地へ送られていく。「駆り出されていく」とも言うけれども、「狩り出されて」というのか、悲しく、つらいひとの世だったのだ。うちの近くでも、度たび目にする光景となっていった。「勝って来るぞと、勇ましく……」、「みよ、東海の空明けて、……」、「海の男は、艦隊勤務、月月火水木金金」。その勤務、年中無休。

「千人針」というものがあった。さらし木綿の布に、千人のひとが、ひと針ずつ刺繍《ししゅう》する。このさらし木綿の守護神を体に巻きつけて、武運長久を祈る、または願う。駅や商店街や職場で、ひと針ずつ、お願いをする。千人針をもらうために、駅や街角に立った女のひとを、よく見かけた。

五　防空演習

国防婦人会があった。たぶん、全国組織だったろう。（一言、お断りしておきたい。わたしは書いているすべて、一言一句、記憶したままを書いている。調べない。あやふやなものは書かない。しかし、記憶だけでかくので、正しいかどうか）。わたしの地区でも、その支部はあった。通常、どのような活動がなされていたかは、よく知らない。わたしは、まだ国民学校に入学していない。昼間はうちにいたので、国防婦人会の活動は、ひとつだけ知っている。

洗濯機のない時代で、手洗いする洗濯は主婦の家事では、もっとも大変な仕事だったが、朝、その家事が終わったころ、路地や少しばかりの空き地に、婦人会のひとたちが集合していた。もちろんみんな、ズボンの下にゴムを入れて裾を絞った、モンペ姿である。手に手にバケツを持っている。爆弾や焼夷弾が落ちて建物、家屋が延焼する。バケツリレーで、それを食い止める覚悟だ。墨で黒い丸を書いた四十センチ四方の板を、電信柱に貼りつける。水道から、バケツを持って一列に並ぶ。いつも、町内会長さんらしい、おじさんが指導していた。電柱に貼りつけた的の手前、七、八メートルくらいのところまで列をつくる。おじさんが、「消火開始」とか「演習開始」、とでも言ったのだろう。水道に近いひとが、バケツに水を入れる。水の入ったバケツは、次々にリレーされて、的に一番近いひとのところまで行く。そのひとは、的に向かって水を投げる。「エイ、ヤー」。たぶん、わたしは五歳、「こんなものがなんの役にたつか」と思った。七、八メートルは、少し縮まる。バケツの水は、届かない。さらに縮まる。まだ、爆弾投下は、一度も経験していなかったが、そのくらいは、子供でも分かった。なぜか?

大人は、いつも子供を知らない。自分が、かつて子供だったのに、子供のこころに疎い。あるいは、無視している。子供でも、爆弾投下があると、どうなるかは考えている。死に繋がる。バケツリレーは、本能的に、ボツだ。逃げるに決まっている。水は、的まではなかなか届かない。それでも投げる。バケツごと投げる。自分も、バケツといっしょに投げるひともいた。的に水を投げたら、そのひとは水道の水のところに移動する。バケツはリレーされながら、婦人会のひとは、列の初めから終わりへと、うまく入れ替わっていく。しかし、掛け声、気合も小さくなる。動きももつれる。無理もない。おばあさんがいる。そうでなくとも、みんな満足に食べていない。痩せて、力はない。的までは、届かなくなって、その距離を縮めていて、みんなしょんぼりしている。本当に爆弾投下で火災になれば、火事場のなんとやらで、バケツの水の一杯投げるくらいの、お国のためにはなれるだろう。

しかし、これは演習だ。的まで届かないので、すぐ的の前まで進んで、防火演習は続く。この後、実際に爆弾投下が始まる。どうなったか。国防婦人会の活動の成果はどうなったか。

こうなった。そんなこと、だれがやるか。子供、赤ちゃんと自分の命を摑《つか》んで、防空壕に飛び込んだ。飛び込むのは、国防婦人会だけではない。胸を張って、お国のために指導していた町内会長も、われ先に飛び込んだ。どこかで実際に、国防婦人会の消火活躍があったかどうか、一度も聞かなかった。

次に、敵が上陸してきて、本土決戦になったらどうするか。備えあれば、憂いなし。そんなことに抜かりはない。電柱に……、また、電柱だ。ひと型大のわら人形をくりつける。国防婦人が活躍する。昼間は、国防婦人と幼児と年寄りしかいない。男たちは、働きに出ている。学生は、学校へ。だが学校から、学徒動員で、工場へ行き働いている。昼間でなくとも、元気な男たちは、次々に兵隊に取られ、街は、村も、火が消えたように、活気がなくなっていた。わら人形を立たせておいて、竹やりで「エイ、ヤー」と突く。突き殺す。竹やりは、やり投げにもならず、投げやりで終わった。重装備している六尺豊かな大男に、国防婦人会でなくとも、近寄ることもできない。本土決戦で、鬼畜米英が上陸してきたら、その前に、日本男子がつぶされているのを意味していないか。さあ、どうする。どうもしない。なにもしない。バケツリレーも竹やり訓練も、国防婦人会の鍛錬のためにやっている。そうかどうかは、分からない。

博多のひとは、陸軍雁《がん》の巣《す》飛行場で、夜な夜な起きた事実を見ていた。見てはならないものを見ていた。見てはならないものではなく、見たくなくても見るしかないものを見ていたのだ。

やっている。地対空の戦争。博多は、蒙古襲来のとき、二度も神風が吹いている。老人の指導者は言った。「心配するな、最後は、神風が吹く」。なるほど、「神風」特攻隊というのもあった。あれは、神風が吹くのではなく、特攻隊が敵艦に、突っ込んだのだ。

六　空襲

お腹は空いて、体は、薄く細くなっている。仰向けに、畳にごろ寝をすると、お腹は、背中にくっつくようにへっこむ。胸の肉はなく、あばら骨は浮き出てしまっている。もっとも海に入っても、お風呂に入っても、あばら骨はいつも浮き出ている。人間は食べ物がなく元気もないのに、そこにやぶ蚊が襲ってくる。やぶ蚊が、やたら多い。

ハエもそうだ。家のなかに、何十匹もいる。ゴミ捨て場に近い家では、その十倍もいる。ゴミの回収なんかない。畑や庭の隅に穴を掘って、そこに投げ入れている。ハエがわく。

夏の午後、畳にごろ寝していると、やぶ蚊が押入れのなかから現れて、襲ってくる。手で叩く。つぶれて血がついている。そのまま無気力にごろ寝している。ブーン、ブーンと耳元でうるさい。ブーンが、ブーン、ブーンでなくなる。ブーンに波がない。おや、これはと思うまもなく、体は動く。逃げなくては、防空壕へ。同時に、あのうなりは、敵機だと知る。敵機のエンジンの音だ。

音は、急に大きくなる。痩せてお腹をすかした体に、ずしりと応えるＢ29の重量級のエンジン音だ。国防婦人会と同じだ。防空壕に、飛び込む。何人か、すでに飛び込んでいる。カビ臭い豪のなかに、カビ臭い布団を頭からすっぽり被って耐える。体が、ガタガタ震え、歯がカチカチと鳴る。もう死ぬのか、まだ生きているか。その繰り返しだ。近くに爆弾が投下されると、生きた心地がしない。昼間のＢ29は、幾度か襲ってきたけれども、我が家の上空で、爆撃したことはなかった。もっと重要な目標があって、そこに行く通過点だったのだろう。だいたい民家周辺に、爆弾は投下しない。無駄な弾薬は使用しなかったのだろう。

民家は、焼夷弾でよかった。数発落とせば、いくら灯火管制、街中暗くしていても、猛烈に炎上するので、街の様子は、敵機からは、手に取るように分かる。そして効率よく、炎上させた。家も建造物もひとも。夜の地獄絵は、人間を恐怖に陥れた。焼夷弾は、夜に決まっていた。効率もいい。心理作戦でもあったか。町中が火を噴くさまは、地獄絵だ。恐怖は、募るばかりだ。

いつもそうだけれど、味方は、ちっとも現れない。Ｂ29の、なすがままであった。後で言われたことだけれど、大本営発表というものがあって、戦闘の戦果を発表していた。わが軍は、「敵機、三機を撃墜せり」、実は、撃墜せりではなく、されただったと。助けに来ないわけだ。

敵機が遠くにあるときは、危険度のやや少ない警戒警報が発令される。接近していて、防空壕に「即」退避せよとの状況下では、空襲警報が発令される。警戒の場合は、サイレンの鳴る間隔が、ゆっくり。空襲の場合は、激しく集中的に鳴らされる。その状態では、すでにサイレンと敵機の、ずっしりとした重量級の爆音が交錯して、頭上で轟いている。爆音がピークに達したとき、それは敵機が上空に飛来していることを示している。上空にあることは、爆弾投下のタイミングだと思っていい。敵機は、爆弾にしても焼夷弾にしても、ミシンの縫目のように連続投下してくる。とくに焼夷弾の場合は、物が軽くてたくさん搭載できるので、縫い目は長くなる。大量に投下してくる。逃げ込む防空壕は、貧弱なものだ。庭や畑の片隅に、一家族数人が入る程度の穴を掘る。天井に丸太を渡し、そこに板を張る。むしろやわらや古畳を載せる。土を盛る、あるいはかぶせる。小さな出入り口がある。それだけ。敵機襲来、爆弾投下が始まれば、結局どこにいても、助からない。助かるかどうかは、射程内か外かの違い、運命なのだった。ほとんど、防御のしようがない。

死が、いつも、待ち伏せていた。兵隊で死ぬか、爆弾で死ぬか、飢えて死ぬか、結核で死ぬか、蚊やハエの媒介する疫病で死ぬか。いつもお腹がすいて、次の瞬間が、闇のなか。いつも死が待っていると、疲れてしまう。いっそ、爆弾で死んでもいいぞ、そのような心境になってしまう。

七　異邦人トーク

一体、あれは、なんだったか。あの戦争、あの対応、あの犠牲。そして戦後七十年たっても、周囲から批判され続ける。自分たちで、負け戦をやって、さっさとこの世とお別れした者たちは、それはそれで納得の哲学ではないか。戦後七歳のわたしも、先祖の暴挙の被害者のひとりとされる年齢。それでは、その後のひとたち、戦後のひとたち、さらにその子孫。申し訳ないとしか、言いようがない。先祖は、こんな払いきれない負の財産を残していなくなる。相手に与えた被害や損害の大小など関係なく、この先、何年、何百年、われわれの子孫は、つらい思いをするのか。この点から、申し訳ないと言った先人、軍人、政治家、マスコミ、学者がいたかどうか、わたしは知らない。全体責任、連帯責任と言って、逃げたのは、たくさん知っている。自分の責任だと言った男を知らない。自分も戦争の犠牲者だという。そのくらいの脳・こころの連中のために、三百万人もの犠牲者が出ている。戦争をする人間、好戦的な男の後を追ってはいけない。その性格、生来詐欺師的性格の持ち主。つまり、ひとを騙し、過ちに導き、死に誘う脳・こころの持ち主。これなども、将来、遺伝子研究による性格、脳・こころの判断ができると有り難い。

わたしは、たくさんのひとに出会い、経験的に、そのような人間の判別がつく。そのような人間の言動に触れると、わたしの正義感が爆発する。こいつが、こいつの脳・こころが、戦争を惹《ひ》き起こして、犠牲者が出ても、おれも犠牲者だと逃げる。わたしは、前に出る。「お前、態度でかいじゃないか」となる。生きているうちは、戦争へ導き、他人のせいにして、言い逃ればかりする。死んでは、知りませんだ。戦争に加担していない子供、それ以後に生まれたひとたちには、通用するはずもない。

戦争で侵略された側も、相手を許せない。この場合の責めも、幾世代も後まで、追及される。わたしでさえ、戦後七歳、戦争責任は負えない。この後のひとは気の毒だ。やった側は忘れ、やられた側は忘れられない。ここでもまた、戦前のアホの脳・こころが戦後に生き残って、引き継いでいる。実は、そうなるのではないかと、ひとりひやひやして、戦後半世紀以上生きていた。私論、国難六十年説は、二十歳ごろに考えていた。

八　雁の巣

玄海越えの季節風が、ぴたりと止んだ。博多湾に、春がやってきた。湖のような湾内は、穏やかな表情になった。博多湾の北側には、玄界灘の荒波を防ぐ、自然の防波堤がある。それが、東西数キロに長々と延びる「海の中道」である。海水湖のような博多湾は、その出入り口は、きわめて狭い。その出入り口に、志賀島、能古島、玄海島のみっつの島が浮かんでいる。水深が浅いためか、海は水色に広がる。

月夜には、金波銀波が走る。空は、満天の星である。その夜景は、戦争を忘れさせた。海上数キロメートル先に、海の中道、雁の巣飛行場の色とりどりのライトが、空と海の間に浮かび上がる。赤、オレンジ、ブルー、グリーン、横一直線の虹のようだ。戦争のさなか、その光景は、子供のわたしには、夢の世界のように思われた。今なら、光の芸術、魔法の国、おとぎの国、別世界などと表現しただろうか。当時、このような世界はどこにもない。まして、街中は、灯火管制で真っ暗だ。

このとき、その光の世界に、こころを奪われてはいられなかった。飛行場の上空を、二基の照空灯が照らしている。少し距離をおいて、このふたつの光は、交差しながら空を照らしている。敵機を発見するためである。照空灯は、サーチライトのことである。夜の海の中道に、光の虹が浮かんでいる。そこに二基のサーチライトが、夜空を照らす。（これは、もちろん戦後の話。夜、羽田沖の飛行機のなかから、それとは比べられないが、夜間飛行場のカラフルなライトを幾度か見た。また、九州で飛行場の昼夜兼行の工事をやっていて、夜間飛行のために、滑走路の照明が点灯された光景を、間近で見ていた経験がある)。夜は、対岸からそれを眺めるのが、楽しかった。

しかし、夢は、突然破れた。夜、敵機が、現れるようになった。するとたちまち、夢の世界は戦場となった。寒くない季節だった。終・敗戦の一年前か。一九四四年の春か、夏。日本軍は、早速、攻撃を開始した。戦闘機が出撃するのではない。たぶんそのころ、敵機B29を迎撃できる戦闘機はなかったか。あっても特攻隊が、使い果たしていた。従って、地上から高射砲をぶっ放すしかない。撃つ、撃つ、撃ち続ける。「撃ちてし、やまん」。止めない精神はいいとしても、肝心の弾は、全然当たらない。当たらない、それるのではなく届かないのだ。真っ赤に焼けた砲弾は、ごめんなさいと、もと来た道を下ってくる。打ち上げた数だけ、その真っ赤は、もと来た道を忠実に頭を下げて戻った。軍人の威張った態度、幼児のわたしでも覚えている。戦争をした威張った悪い大人と重なって、これは最悪の光景。「国民は、虫けら」と思われ、そう言われていた。「お前たちは、虫けらだ。虫けら以下だ」。軍部もひらの軍人も警察も、国民には頭は下げない。どんなときも下げない。非を認めることがない。

その精神は、今でも、日本人の脳・こころのどこかに引き継がれている。威張る、言い張る、突っ張る。そのくせ、上官、上司、強い者にはペコペコするのに。これは、なにも軍国主義の特徴ではない。民主主義でも、基本は、ほぼ同じ。民主主義も、声の大きいのと、態度のデカイのが勝ち。

とにかく雁の巣の夜景は、楽しかった。しかし、震えもした。敵機が旋回して、こちらに向かい、即時に、爆撃されるかもしれない。すると、一分後には死か。雁の巣は、月夜、闇夜に関係なく、遠くキラキラ輝いていた。長く浮かぶ光の帯、二条のグルグル回る探空灯の光、赤く焼けた高射砲の弾。わたしは、そのような天国と地獄の間で、生きていた。後の話では、高射砲の飛距離は、高度八千メートル。敵機は、一万メートル上空を飛んでいた。手の内は、知りつくされていた。敵機は、遊覧飛行さながらであったか。赤く焼けた砲弾は、弾道を鮮明に描いて、お辞儀して戻ってくるはずだ。高射砲は、二、三日で「撃ち方やめ」になった。それでも徹底的な、爆弾投下がなされた。「神風が吹くぞ」、「日本が負けるわけがない」のおじさんたちも、その珍しい国内戦、見てはならない日本軍の戦闘の一部始終を、遠くから見ていた。もう、国民にごまかしはきかない。……「こりゃ、日本は、負けるバイ」、おじさんが呟いた。

九　学校空襲

わたしは、昭和十九年四月に、国民学校一年生になっている。しかし、入学式について記憶がない。これまで、そのことについて考えたことはなかった。七十年の昔に思いをはせた。なにも出てこない。いつもは、頭にあるもの、記憶しているものをすらすらと書いて間に合っている。なにひとつ調べものはしない。三歳から、必要なものは、すべて記憶している。入学式があったかどうかは、これまで必要ではなかった。しかし、想い出したい。すると、遠い時代の霞のなかから、現れた。入学式は、なかったように思う。いつ爆撃を受けるか分からない。集まっている場合ではない。教室で、担任の先生からお話があったのは覚えている。あとひとつ国民学校の思い出は、一時間目か二時間目の終わりに、便所に行っていた。校舎の外れにあった。それで、校内の騒ぎは、分かりにくかった。変だと気づいて戻ると、大きな廊下の十字路で、有吉先生が、怒鳴っていた。「逃げろ、にげろ、速くにげろ」。そのとき、敵機のエンジン音が、校舎を被った。わたしは、幾人も残っていない、逃げ遅れのひとりだった。せきたてられて、校庭の片隅、丘の下に造られた洞穴風の防空壕に、走った。あれは、忘れもしない、三十歳過ぎの元気な先生だった。生徒より先に、先生が走ったらしい。有吉先生は、孤軍奮闘だった。

「ああ、これはひとの本当の姿をみた」と、そのとき実感した。

そのときの記憶は、鮮明に残っている。命は、だれにとっても、一番大切なもの。その命を賭けて、ぼくらを守ってくれた有吉先生のことを、思い出す。わたしは、あんな行動は、とても取れない。そして、この先生に助けられたのを感謝している。さらに夏休み中に、焼夷弾が一発落とされ、十字路になった辺りの廊下の床と壁が焦げていた。激しい焦げ跡で、戦後、三、四年は、補修されないまま残っていた。

当時、一、二あった話。子供が、なにも遮るもののない田んぼ道で、敵機の機銃掃射にあった。低空飛行ですれすれに飛んできて、機関銃で撃ってくる。弾は、運よく外れるけれど、至近距離を銃弾が走っていく。海岸でも、そんな経験をした子供の話がある。全国のあちらこちらであったらしい。弾は、逸《そ》れたのが多い。操縦士が、笑っていたと。意図的に外したかどうか、それは分からない。しかし、その銃撃で、命を落とした子供もいるとも聞いた。話全体の真偽も分からない。

広島と長崎に、ピカドンが落とされたと聞いた。原爆投下、二、三日経っていた。たくさんのひとが、ピカドン一発でなくなった。福岡市に落とされるはずだったが、空が曇っていて、長崎へ行ったとも聞かされた。北九州の五市、小倉《こくら》、八幡《やはた》、門司《もじ》、戸畑《とばた》、若松も狙われていた。曇っていて、通過した。曇っていて爆発しないか、上空から、目標が見えにくかったか。福岡でなかったのは、曇っていたからと、当時、わたしは聞かされた。

男たちは、兵隊にとられた。残っている者は、疲れていた。「もうどうにでもなれ、うるさい、めんどくさい」、お腹が空いた。食べ物も、着るものも、その他なにもない。どうせ死ぬなら、早いも遅いもあるか。毎日まいにち、空襲でくたくたになっていたのに、ピカドンの噂が伝わると、それでも町内は、いっそうしぼんだ。いくら警報が出されても、爆弾、焼夷弾が落ちてこない間は、平然と無視していた。動けば動くほど、体力を消耗する。逃げる体力も気力もない。お年寄りは、そのまま家にいて、防空壕へは行かなくなっていた。特に、夏休みになっていたので、子供たちは、海に行くか、畳でじっと寝転んでいた。手足は細くなっていた。痩せると、腕はぶらつくようになる。肩から、その細った二本の腕をぶらぶらさせながら歩いていた。頬はこけた。目は、ギョロ目になった。

終・敗戦

一　八月十五日

朝、「今日は、お昼十二時に、天皇陛下の玉音放送がある」と伝えられた。その朝は、静まり返っていた。九時になっても、十時になっても、外で、ひとの気配がしない。「海に行こう」と、誘いに来る友達もいない。蒸し暑く、曇っていた。わたしは、ひとり海に行った。海は、近かった。だれもいない。しばらく泳いで、帰った。畳に、ごろ寝していた。

泣き声で、目が覚めた。家中で泣いていた。「日本は、負けたよ。戦争に負けたよ」。泣きながら、姉が言った。「……耐え難きを耐え、忍び難きを忍び……」、初めて聞いた玉音放送。「これから、日本は、どうなるかね」。また、みんなで泣いた。泣きながら、みんな居間からいなくなった。ラジオは、まだ、しゃべっていた。そのとき、わたしは特別の感慨はなかった。

ひとりで、海岸に戻った。空は、すっかり晴れていた。八月の午後の陽ざしは、強烈だった。

博多湾に、ギラギラの光芒が現れていた。海の中道と雁の巣は、波の彼方に長々と延びていた。船はなく、海は広い。空は、東西南北を指し示して、広がっていた。空は、雁の巣、海の中道を超えて、玄界灘に向かっていた。博多湾は、こんなに広かったんだと感じた。なにもかも、これまでとは違う景色が広がっていた。海岸には、だれもいなかった。泳ぐほど、わたしは元気ではなかった。空腹に、襲われた。小魚を突いたり、釣ったりして、浜で火を燃やし、それを食べる元気もなかった。広い空、広い海、こころの無限な広がり、空虚さのなかにいた。

三歳で、「ひとは、ゆう霊よりも、お化けよりも怖い」を、この先、生きている限り、命を賭けて追求する覚悟でいたので、なんの動揺もなかった。ゆう霊よりも、お化けよりも怖い者たちがなにかやっている。勝っても負けても、どうなるものではない。ただ、負けた以上、鬼畜米英が上陸してきて、残虐非道の限りをつくし、殺されるのだ。博多の東公園の日蓮さんの銅像の下にレリーフがあった。蒙古軍襲来の図。両手に穴を開け、そこにひもを通し、船べりにひとを繋いでいる図である。数枚のレリーフには、もっと残虐な図があったと思う。幼児のときに見た記憶で、それ以外は覚えていない。あんな恐怖がくるのだろうかと、不安はあった。それよりも、ただひたすらお腹がすいて、つらかった。敗戦は、お腹にこたえた。

二　学童疎開

戦争末期、東京の学童たちが、学童疎開したという。空襲を遁《のが》れて、親元を離れ田舎に行くことをいう。そこでは、それぞれの学童が、つらい体験をしたという。東京や都会では、大掛かりに学童疎開があった。博多ではどうだったか。わたしの周りではなかった。ただ、わたしは、珍しい経験がある。戦後である。八月十五日より後、二十日ごろか。敗戦になって、田舎に遁れたのである。

「米英が上陸してくると、殺される」。わたしは、川内《せんだい》（薩摩川内）の親戚に遁れた。そのとき国民学校二年生。空爆で鉄道が寸断される前、博多から川内まで、国鉄（現在のＪＲ）で八時間くらいかかった。戦後、疎開で遁れるときは、難渋した。鉄道は、爆撃で寸断されていた。その上に、汽車自体がほとんど走らない。ダイヤは乱れていた。長い鉄橋を歩いて渡った。鉄橋に板が二枚敷かれている。通常は、保線区のひとたちが、渡るためのものだ。一枚のところもある。古くなって、端の方は、もろくなって落ちている。ただひたすら、足元を見て歩く。よろけたらお仕舞。板のその下に目が行くと、濁った水が、とうとうと流れている。目がくらむ。ちょっとだけ、横目で見た。河口の先は、海が広がっているようだった。あれは、恐怖だった。橋を渡って、汽車に乗る。しかし、列車はすぐにストップした。

　小さな駅の待合室は、先客であふれていた。駅舎と線路わきに積まれた枕木の傍らで、一晩明かした。母と、姉がいたと思う。まだほかにいたか、記憶がない。なにを食べたかも、想い出せない。店などない。お金もない。たぶん、サツマイモをふかしたものを持っていて、それを食べたのだろう。駅前には、森が迫っていた。八月の星空だった。それでも枕木の傍らの、文字通りの野宿は、明け方とても冷えた。わたしの経験は、国内、九州の八月のこと。

　引揚げ者たち。大陸、寒い、追跡されている、人間が体験するあらゆる苦難が続く。生と死の極限の世界。その逃避行の悲惨さは、たくさん聞いた。極限の経験や体験は、当事者でなくては分からない。いくらこころして聞きとめようとしても、所詮は、苦難の外だ。引揚げ者たちの文字通り、命を落としながらの逃避行は、経験したひとでなくては、理解できないだろう。なぐさめの言葉もない。痩せて歩けない、動けない子は、山野において逃げる。泣く子には、手をかけた。これ以上のいろいろなことは、聞いていてもつらくて書けない。また、さらさらと文章にできる類のものではない。そうするのは、失礼だと思う。

　川内の田舎についたのは、出発して次の日だったろうか。一日半かかったか。着いてみると、そこは母の生家だった。二、三年前、わたしが五歳のころ、親戚のひとが出征するので、泊りがけで母とお邪魔した家だった。それから約三週間、田舎ののんびりとした空気のなかで、過ごした。同じ年のいとこや、お兄さんやお姉さんたちがいて、一転して、思ってもみない楽しい夏休みとなった。田んぼの片隅を流れる小川には、メダカやフナやコイがいた。上流をせき止め、水を他に迂回させる。せき止めて干したところに、手長エビやフナやコイがいた。わたしは海辺の育ち、遊び場は海だったので、小川の遊びは楽しかった。お兄さんは、まだ青い渋柿をもいで、渋抜きをしてくれた。一晩、田んぼの泥のなかに、突っ込んでおく。そうして渋抜きをする。果物は手に入らない時代、青い柿の香りのする、ほのかに甘くなった柿を食べさせて貰った。博多でも、小川や田んぼには、蛍は、いくらでもいた。ここも、蛍が乱舞すると言った。

九月に入って、父が迎えに来てくれた。「学校が、始まっている。アメリカ人も、なんも心配はない」。電話はない。電報が打てたかどうか。たぶん、郵便も当てにならなかったのだろう。博多に帰ると、戦後が待っていた。

子供のころから、海辺の松林にもよく遊びに行った。松葉かきをして、それを薪などと一緒に燃やした。そこには、マツカサも交じっている。松葉もマツカサも、よく燃えた。「占領軍の元帥は、マッカサ」だと聞いた。驚いた。アメリカ軍が、全土を占領支配した。その司令官が、マッカサだという。マツカサを手に取って、よく見た。茶色く枯れて、マツカサが開いている。開いたひとつひとつを見ると、なかが不気味に黒い。鬼畜米英だ。彼らは、背は高く、鼻は高く、目は青い人間たちだという。その大将は、マッカサ？　姿の人間か、想像もつかない。今まで不気味なんて思いもしなかったマッカサが、急に不気味に思われた。もちろん敵の大将、占領軍の司令官は、マッカーサー元帥だった。このひとには、戦後の日本は、大いに助けられた。それは、食糧に表れた。脱脂ミルクを始め、多くの食料を供給され、飢えから解放されていった。恩人だ。

疎開していた川内から帰った。今でいう小学校二年生の二学期。食べ物はない。着るものもない。ボロをまとっている。引揚げ者たちが、次々に引揚げてくる。博多は引揚げ船の寄港地になっていた。後に、機雷が多くて、博多湾、築港は避けられた。佐世保や舞鶴港に変更された。

引揚げ者たちの話は、山ほど聞いた。組（クラス）の生徒の話、先生の話、大人たちの話、軍人の話。どれもこれも、知らなかった世界の話、その経験者たちだった。彼らにとっても、とくに敗戦後の経験は、話さなくてはならなかった。そうしなければ、煮えたぎる血が納まらない。ひとによっては、ひと月か、ふた月まえの、経験したばかりの話だ。「日本人が、あんなに悪いとは思わなかった」。「日本は負けてよかった」。「アメリカに勝てるわけがない」。「これからは、平和だよ」。

もちろん、引揚げ時の恐怖の体験は、ほとんどのひとが語った。そのどれもこれも、信頼度の高い経験談だと思って聞いた。学校の休み時間であったりした。大人たちの話は、敗戦の年から数年間は、夏の夜などだった。夕涼みか散歩以外にすることもなく、そんな時に話された。数人が集まってしつこい蚊を追いながら、ゴザの上だったり、夕涼みのベンチなどで語られた。

これらは歴史的事実であると思うけれども、すべて伝聞になる。それに膨大な、レポートにもなる。さらにこれ以上、書くのは、あまりにも悲惨、残酷だからである。

引揚げてきた先生の話がある。お母さんと、どこかの小屋の片隅を借りて生活していた。布団も十分ではない。カンナくずを体に載せて、寝ていた。食べ物は、残飯あさりをした。先生のあだ名は、「ざんぱん」とつけられた。引揚げ者たちだけではない。それに近い生活をしたひとは、珍しくもない。いくらでもいる。

戦後は、しばらく食料は、配給制だった。ある裁判官が、ヤミの物を、一切口にしないで、配給だけで生活した。そして、餓死した。裁判官は、法を守ったのである。ニュースになり、世間で騒がれた。

わたしたちも、おもわぬ物を配給で食べた。大豆かす。コーリャン。てんさいなど。芋、カボチャは定番。ご飯には、大根を米粒大に刻んでまぜる。一見白米飯だ。見事に化ける。食べると大根の、水っぽい悲しい味がした。腹の足しにはならない。父が遠縁の農家に駆り出されて、米やみそなど現物支給してもらうことがあった。わたしたちは、海辺で生活していたので、多少の魚は、釣り上げた。わかめもとれた。あさり、シジミも採れた。岩場で、カニ釣りもした。夜釣りでは、タコが釣れた。漁師町も近く、魚は、安く手に入った。戦争で、海は手つかず状態だったので、漁師の地引網には、引き上げられないほどの魚が取れた。川口では、サヨリが群れをなしていて、引き潮、満ち潮に合わせて、川下り、川のぼりをして楽しんでいた。ハゼは、餌を付けなくても、むき出しの針にかかった。いくらでも釣れた。

三　焼夷弾解体

海岸の岩場で、焼夷弾を発見した。初めて目にしたけれど、焼夷弾だと分かった。敗戦の年、昭和二十年の九月のことである。九月の半ばまでは、海に入れる。そのときは、海には入っていなかった。友達とふたりで、岩場で遊んでいた。潮が引いて、潮だまりに残された、小魚をつかまえたり、カニを取っていた。岩の間を波が寄せたり退いたりしている。そこに見慣れない物、焼夷弾が転がっていた。そこは、いつもの遊び場のひとつなのだが、昨日まではそれはなかった。昨夜の大波に、そこに打ち寄せられたのだろう。鉄製で六角形の筒状のものだった。直径、十センチ未満、八センチくらいだったか。長さは、四十から四十五センチくらい。

友達と「開けてみたいな」。「危ないか」。「開けてみよう」と、話が決まった。問題は、開け方である。木と紙で作られた日本家屋を焼き尽くし、多くのひとを地獄に突き落とした敵の正体。こんな鉄製の小さなものが、日本中を焼き焦がしたのか。木と紙の家屋、どこか数か所に火を点ければ、野焼きのように火は走る。戦争末期、日本中どこにでも、敵機がこれを落とした。夜は、上空の敵機から、眼下の燃え盛る街が、手に取るように見えていたはずだ。これに対し、日本軍が、空対空であっても、空対陸であっても、応戦した話は、これまで一度も聞いていない。

発見した不発弾は、秘密に処理しなければならない。知れると、警察がくる。それよりも占領軍の軍隊の警備員、ＭＰが、飛んでくるに違いない。ふたりは語らずとも、そのことは分かっていた。不発弾だから、失敗すると命を落とす。「どうするか」。「大きな岩の陰から、向こうの岩にぶつけよう」。「それで、もし、爆発して火のついたものが飛んできたら、海に飛び込む」。わたしが、やってみた。岩にぶつけて、隠れる。一度目、反応がない。伸びあがって、のぞく。「ヤツは、変わってないぞ」。また、投げる。三度目に、ふたが外れて、口が開いた。

日本列島を破壊し、日本人を多数殺し、敗戦へと導いた主要な破壊兵器の姿があった。強烈なガソリンの匂いが、岩場に立ち込めた。ふたりで、岩の上から、そっと覗いた。動かない。危険もなさそうだ。一メートルばかり岩から降りて、近づいてみた。六角形の容器は、だらしなく口を開けて、降参していた。口から、悪魔の中身が流れ出ていた。ガーゼが袋状になっていて、そこにガソリン混じりのどろりとしたゴムが、いっぱいに詰まっていた。正体は、自転車のパンクに使う単なるゴムのりではないか。こいつで、さんざんな目にあわされた。

「こんなもんなんだ」。ふたりは、黙って目を合わせた。お互いに、言葉にならない気持ち、ポカンとした表情をしていた。家からバケツを持ってきて、その戦利品の中身を持ち帰った。いくらマッチを擦っても、火のつかない硫黄《いおう》マッチしかなかった。新聞紙には、なかなか点かない。かまどや七輪の薪の着火に、役立った。小枝に少しだけつけて、火をつけた。そのころのガソリンのオクタン価は高く、非常に爽やかないい匂いがしていた。数少ないトラックをまれに見ることがあった。運転手さんが給油口にホースを差し込んで、口で吸い上げる。ぐっと吸って、口に入る前に、ホースから上がって来るガソリンを、バケツに受け容れる。運転手さんは、高度な技術者だった。かなり腕のいい整備技術を持っていなくては、ハンドルは持てなかった。頻繁に故障する。修理工場はない。自分で対応するしかない。そうして「油の一滴は、血の一滴」と言われるガソリンで、排気ガスで汚れたエンジンの一部を外して洗ったりしていた。くわえタバコは許されない。オクタン価が高いので、すぐ引火する。取り出したガソリンからは、かげろうのような紫煙があがっていた。戦後だったが、給油しようとして、給油口を開けたとたんに、トラック一台炎上させた例がある。

栄養不良のため、戦前戦後は、肺結核が猛威をふるった。現在のガンよりも恐れられていた。結核にかかると、三年で死ぬくらいの速さであった。家族のだれかがかかると、伝染する。家族でなくても、その咳を吸い込むと伝染する。患者は、隔離病院に入るしかない。だれかが息を吸い込むとき、「ヒュー」とのどが鳴る、肩で息をする、せき込む、このような症状が出たら、結核だといわれていたが、……。昭和十三年生まれのわたしが、その感染の危険の最後ではなかったか。そして昭和三十年になって、わたしの友人がかかった。それ以後は、知らない。ずっと後、知人や友人で、結核にかかった経験があるひとに、かなり出会った。その友人を唯一の例として、他のひとは、わたしよりも年上である。戦後、いい薬が出た。栄養が改善された。それで、終息した。

このオクタン価の高いトラックから出る排ガスは、結核に効くと言われた。子供たちは、トラックの後を追いかけて、胸いっぱいに吸っていた。これは、博多での話だ。ところが、これから二十五年以上経って、山梨出身のお年寄りに、同じ話を聞いた。

四　民主主義

平和、自由主義、民主主義、主権在民、男女同権、新憲法、象徴天皇。八月十五日の終・敗戦の日から、ひと月くらいの間、世間はむやみに明るかった。残暑が厳しい。しかし空は、抜けるように明るかった。この空の下で、世の中も明るかった。空っぽの明るさだった。開戦から戦争末期までの、押しつぶされそうな暗い社会の、屋根が飛んだ。空っぽの明るさ、空虚な明るさが広がった。笑っていいのか、泣いていいのか、それも分からない。この先、生きていけるのか。敗戦の責めが、戦勝国によってどのように追及されるのか。敗戦国日本も、戦争の責任者たちもその思いだったろう。覚悟をしていた者は、自分自身で決着をつけていたかもしれない。

国民一人ひとりは、どうなるか。「……耐え難きを耐え、忍び難きを忍び、……」と言われている。具体的に、自分や家族がどうなるのか。戦争犯罪人としての追及はないとしても、どのような責め、負担がかかってくるか分からない。なにしろ相手は、奴隷の国だ。鬼畜英米だ。奴隷にされて、連れ去られるか、蒙古軍がやったような、残虐行為にさらされるのか。玄界灘に、放り込まれるのか。来るべきものがくるのか、どのような事態になるのか、読めない。息をひそめている。嵐の前、鳴りをひそめた、秋の虫たちである。歩く方向が分からない。目的がない。空腹で、飢え死にするのを待つのか。そこに空虚が生まれた。

七歳のわたしでさえ、八つ裂きにされるのを覚悟していた。ピカドンの悲惨さは、伝わっていた。焼夷弾による都会の破壊も、知っていた。沖縄戦も伝わっていた。これらのことが、一人ひとりの生きる方向を見失わせていた。

しかし、ひとも社会も、時間と共に流れて行くものである。それが止まった。歴史のなかで、こんな現象は、一度あるかないかではないか。立ち止まった空虚さの延長線上に、はしゃぐところがあった。それがいっそう空虚さを際立たせていた。

はしゃぐところとは、こうである。九月に現れた聞きなれない言葉は、平和や民主主義である。「これからは、平和だ。世の中平和でなくては」。「負けると分かっていた戦争を、なんでやったのか」。「アメリカと戦争やって勝てるわけがない」。このような言葉が、挨拶代わりに交わされた。そうだったんだ、それにしてもだれひとり、これまでそんなことは言わなかった。もっとも、特高という治安維持警察が、眼を光らしている。うっかりしたことは、言えない。すぐ、刑務所に入れられる、そんな社会だ。

それにしても、戦前の国家総動員体制のなかで、家畜のように従順にふるまっていた大人たち。わたしは、戦前の「ひとがひとを殺す、戦争」のショックと、そんな大人たちへの不信にもまして、戦後、ひと月の経験は、大人たちのいい加減さに、うんざりしていた。「もう、お前たちは、信用しない」と決めつけた。

この時代の小中学生が、大人になって、口を揃えて言った。

「教師は、信用しない。信用できない。夏休み前まで、天皇陛下だの、大日本帝国だの言って、戦争賛美、戦争加担していて、九月、二学期が始まると、手のひらを返すように、これからは、民主主義だ。平和だとぬかしやがった」

どの時代もいつでも、子供は、しっかりと大人や社会を見ている。しっかりと大人を観察し、大人がなにものかを知りながら、自分の行く先を見極めようとしているのだ。

大人は、みんなかつて子供であったのに、「ひとは、アホで賢い」。脳・こころが、自分の子供時代のことは、忘れてしまっている。恐ろしいのは、やはりひとだ。その子供も、結局は、批判していた大人と同じものになっていく。これを世の習いというのか。

わたしは、この場面で、ストレートに教師不信にはならなかった。なぜなら、国、軍隊、団体としてのひとは、幼児期、四、五歳から信用していない。戦後になったときは、とっくの昔に、固まっている。今さら……だ。教師だけでなく、ほとんどのひとがあの狂気の軍国主義社会で、だれしも身の保全をはかるしかない。そこで生きていかなくてはならない。問題は、難攻不落な軍国主義が固まらない内に、国民、庶民が、抵抗しなかった。ここが批判の対象でなくてはならない。

話を大きくしてしまえば、日本人は、欧米のように、多くの血を流して、人権を守る闘いを経ていない。日本では、人権は血であがなわれていない。なにもかも、いつでも、世界中からいいもの、いいとこを頂いてしまう。ちゃっかりした、見方によれば借りものを自分の文化にしてしまう、手先だけではなく、精神的にも器用な民族ではないか。古くは、大陸文化。借景のように、いただく。

もっとも、欧米の歴史のように、激しく国と国が争い、貴族と民衆が争い、宗教も争い、宗教戦争もあり、その結果、貴重な文化を生み出したとしても、それは、喜ばしいことではない。地中海沿岸の歴史文化や、オリエントのそれや、ガリア戦記も思い出す。大航海時代もある。聖書と剣を両手にして、征服した歴史もある。その経験のない日本は、ある意味で、仕合せだとも考えられる。「ひとつのものを得ると、ひとつのものを失う」ということか。

日本の場合、諸外国との摩擦が激しくないために鍛えられていない、基礎が柔らかいということか。鍛えられて、基礎が強いのも、考えものだ。鍛えられて、基礎が強くなると、どうなるか。鍛えられている歴史、時間のなかで、言葉は、どのように使われ、働き、発展するか。そのために脳・こころは、どのように形成されるか。争い、第一の罪、言葉が、混合された言葉文化が形成される。言葉は、脳・こころと一体なので、脳・こころは、それをそのまま受け容れてしまう。争い、汚された言葉、その脳・こころ、その文化は、ひとをあるがままに掘り下げてしまう。ひとをあるがままに掘り下げることは、闇の闇のラセン階段を、第一の罪の極に向かって、掘り下げることになる。欧米の歴史、文化、言葉などなど、強靭《きょうじん》であるけれども、第一の罪は、深いと思われる。これに比べて、基礎が柔らかく、掘り下げが足りない文化かもしれないけれども、それは、まだ、深い第一の罪を知らないことにもなっているか。あのとき、反戦運動が弱かったのも、この精神風土の色彩のなかにあるのだろう。

占領軍が、戦勝国にしては、勝利者としてのデカイ態度ではなく、紳士的な対応をしてくれた。それは、高く評価されていい。マッカーサー元帥が、部下に規律を反することのないように、厳しい指導をしていたといわれている。飢え対策に、かなりの食糧が、提供された。

どちらに向かうか、向かわされるか分からない、空虚な、真空地帯のような明るさは、三ヵ月もしないうちに、徐々に薄れた。そして「平和はいい」。「平和でなくては」。「これからは平和だ」と挨拶代わりの言葉が交わされた。自由主義の言葉も、挨拶代わりとまではいかないけれども、同じ序列で使われた。一九四七年、新憲法が施行された。社会がみずみずしい変化のなかにあった。子供のわたしにも、その新しさ、みずみずしさが伝わってきた。相変わらず食糧事情は厳しく、お腹は空かしていたけれども、どこかに安らぎと希望が芽生えていた。

五　決意

敗戦のひと月あと、九月半ば。残暑厳しい縁側で、焼け落ちる夕陽にさらされていた。夕飯が、待ち遠しい。しかし、夕飯になっても、空腹が収まるほどの量がでるわけもない。コメのめしなど、出るはずもない。イモか、すいとんである。九州では、だんご汁、だご汁と呼ばれた。小麦のだんご、カボチャ、わかめ、煮干し（いりこ）が入っていれば、有り難い。それでも、お腹いっぱいになるほどの量は、食べられない。

幸い、近くに漁師町があった。波打ち際から、五十メートル先まで地引網を入れると、雑魚が大量に捕れる。ひと網引き上げるのに、たくさんの漁師やおばさんたちが、「エンヤコラショー、エンヤコラショー」と、掛け声をかけて引き上げる。網が浅瀬に近づくと、魚が跳ねる。掛け声が変わる。早くなる。「エンヤコラ、ドット、エンヤコラ、ドット」。若者も働き手も、兵隊から帰っていない。見物人している場合ではない。おばさんたちも手伝う。雑魚をたくさんくれる。その場で、買う人もいる。竹のザル一杯、五円か十円くらい。ただみたいなもの。

戦争で、魚を捕ることもできない。網を曳くひともいない。浜辺から沖に向かって、魚が、飽和状態に繁殖していたらしい。われわれは、当然、その恩恵にあずかった。もっとも、自分たちで、タコも捕った、キスやハゼも釣った。カニも捕獲した。三月の末、玄界灘からの波をかぶり、ガタガタ震えながら、体は紫色になって、岩場のわかめも採った。これが、どれだけ食生活を助けてくれたか。天のめぐみ、海のめぐみであった。

九月半ばの縁側で、焼け落ちる夕陽にさらされながら、考えた。「平和になるために、なにをすればいいか」。「ひとにやさしくすることだ」と思った。わたしひとりが、そんなことをしても、太平洋の真ん中の、ゴミみたいなものだ。それでも「やろう」と、決めた。ひとにやさしくすれば、ひとがやさしくなれば、平和がくると思った。

その日の夕刊、今は、廃刊になったらしいが、夕刊「ふくにち」のトップ記事を記念に覚えようと思った。これからいつまで生きられるか分からない。それから、社会がどのように変わるか分からない。そのひとつの基点として、トップ記事を覚えておこうとした。わたしは「ここから一歩も動かない」。「腐った大人の社会、人間社会と共に歩かない」。激しく、怒っていた。一生貫く。定点観測をして、「ひとがなにものかを見る。ゆう霊よりも、お化けよりも怖いひとの正体を見届ける」と、決心した。

夕刊トップ記事は、天皇の言葉であった。「日本は、これから復興するまでに、五十年はかかる」、だった。昭和二十年（一九四五年）、九月のニュースである。昭和三十九年（一九六四年）が、東京オリンピックの年である。昭和二十年から五十年後だと、平成七年（一九九五年）になろうか。控えめに、言われたのだと思うけれども、いかに戦後の復興のスピードが速かったか、これは、有り難いし、感心するしかない。日本人は、このような分野では、一致協力するので……、特筆すべきものだと思われる。

わたしの七歳の決意は、次のようになった。

一　足を止める　人生を捨てる

二　社会を定点観測する
三　ひとのハラワタを見る
四　平和になるために、自分の努力……、ひとにやさしくする
中学時代に次の（五）が加わる
五　兵士たちへのレクイエム「なぜ、あなた方が死ななければならなかったか。血の一滴まで
　　でも注いで調べて、ご報告します」

君は、どこか違うと言われ続けた。うちでも、外でも言われた。他人にやさしくする以上、家族、身近なひとには、いっそう尽くした。自分を甘やかしてはいけない。曇らせてはいけない。そうでなくては、見えるものが見えなくなるのではないかと思った。自分に厳しく、ひとにやさしく。たくさんのいい話やチャンスを貰った。新聞にも度たびのった。二十歳、社長やらないか。しかし、どれも受けなかった。ひとのなかに入る、いいポジションにいる、それは危険だと思った。徹底して、ひとりでやる。冷や飯しか食わない。
「ひとはゆう霊よりも、お化けよりも怖い」。そのハラワタを見ようとしている。わたしの批判の対象であるひとのなかに入って、成功とか、出世はありえない。チャンスを捨て続ける人生だった。高校受験、県ベストテンにはいた。学問の道は捨てた。なにごとも自分の前にくる仕事には、全力を傾けた。変なことを考えて、やることはヘタでロクな者ではないと、言われ

たくなかった。

もっとも、つい最近まで、自分の研究について、一言も口外しなかった。まさか「ひとのハラワタを見る」、「ひとの罪の研究」などとは言えない。ひとと論争しても、これらのテーマは、だれもついてこられない、空しくなり、怪しくなるのは見えている。それを自らテーマにすることはない。

先にあげた五項目、一ミリのずれもなく、守り切った。これまで、七十三年間。この間、日常生活もなるべく戦後から離れないようにした。粗食、貧乏。それでもあのときと比較したら、殿様身分だ。世界には、あの経験を今も強いられているひとたちが……。

第二部　兵士の霊との対話

「おい、き……」。君か、貴様か、声が遠く、聞き取れなかった。周りには、だれもいない。立ち上がって、松林のなかを見渡した。木の陰に隠れているのかと、少し歩いて、何本かの木の陰を確認したけれども、だれもいない。気のせいではない。遠く小さな声だったけれど、はっきり呼ばれた。

松の空を見上げた。切れ切れの小さな空が、広がっているだけだった。松林の空のように、声は、澄んでいた。声を聞いたとき、僕は松の木の根っこに、ひとり腰を下ろして、波の遙かかなたの今津橋と、さらにその向こうに聳《そび》える可也《かや》山を、ぼんやりと眺めていた。

松林には、よく散歩に来て、夏は一日中海に入っていた。砂浜や、波打ち際で、波に遊ばれながら、ただひたすら時を過ごす。もちろん、塩水に体を浮かして、すいすいと泳ぐ。岩場や、竜宮の乙姫のまげの切りはずしの茂みを、素潜り、裸眼で、遊んでいた。タコが墨を吐いて逃げる。タツノオトシゴをそこで初めて見た。海藻の茂みに、不思議な姿をして、立ち泳ぎのようなカッコウで、その場に浮いていた。夏はもちろん、春も秋も冬も、二百十日や二百二十日の台風の後でさえ、松林に寄りついていた。ほかになにをする当てのない時代である。農家の子供たちは別としても、サラリーマンや職人のうちでは、子供の出る場面がない。いつもひとりぼっちだったり、友達と二人だったりした。夏以外、松林は、おおむねひっそりとして、散歩を楽しむひともなく、そんな時代でもなかった。

もっとも時代は、終・敗戦の色が濃く残っていて、復興は、まだかけらもなかった。そんな時代だった。それに僕は、まったく手掛かりのない問題のなかにいた。大きな、奇妙な、漠然とした問題のなかに、投げ出されていた。海のように、深く広かった。また、海に浮かぶ木切れのように、不安定で、目標も定まらないで、波のまにまに浮遊していたのだった。

可也山、三百六十五メートル、別名、糸島富士、筑紫富士とも呼ばれる。本家の十分の一の高さ。独峰で、優美な姿である。松の根っこに腰を下ろし、海の向こうに広がる、今津大橋とさらに彼方の筑紫富士を、ぼんやりと眺めていたのだった。「おい、き……」は、そのときに聞こえた。

そこには、川上君と来る以外は、ひとりだった。川上君かと錯覚した。しかし、川上君なら、「おい」とは呼ばない。それに川上君は、結核にかかって、入院している。変だと思った。まさか。緊張が走った。背筋が、寒くなった。周りの空気が、一瞬にして、張りつめるのを感じた。

ふたたび、松の根っこに、腰を下ろす気にはなれない。こんな変なことってあるのかなあと思いながら、松林の砂丘を下りて、砂浜に出た。「おい、き……」、あの涼しく澄んだ声は、いったいなんだ。なにものだ？　姿は、現さない。ゆう霊か、お化けか。僕は帰ったら、みんなに話そうと思っていた。思ってはみたけれども、どこか、吹っ切れないものが残っていた。話せば、大騒ぎになる。出てもおかしくない場所だから「やっぱり出たか」、「ついに出たか」となり、友達だけでなく、ひとが押し寄せるのではないか。果たして、そのときも声がするだろうか。なにごともなければ、僕は、ウソつきとか、変なヤツだと思われる。それはまずい。川上君なら、話せる。僕の言うことは、信用してくれる。入院していなければ、ふたりで、そっと確認にやってくる。声が、現れるかどうか。現れなくても、彼は、僕を疑わない。

八月十五日、あの日の翌日、海で知りあった仲だ。満州からの引揚げ者だ。お父さんは、戦死してしまった。お母さんと川上君と、弟、妹の四人家族だ。僕たちはお互いに、もっとも信頼しあっている、なんでも話しあえる友達だ。できることなら、あの松の古木のところに、彼を連れてきたかった。あの声は、果たしてひとの声か。あの遠い声。あるようでない、澄んだ男の声。大人の男の声だと思われた。しかし、この世の声とは思われない、凛《りん》とした響きを持っていた。この状況は、川上君以外にとても話せない。僕の気持ちは、宙に浮いた。

生《いき》の松原は、名所や景勝地ほど目立たない。そこは静かな白砂青松の自然があった。鎌倉時代に築かれた元寇防塁に、長い歳月をかけて、砂が吹き寄せられて砂丘となっている。この上に、松林が育っている。砂は、白い。白いだけではない。それに雲母の粉が混じっている。波が引いた跡には、砂の模様が残される。そこに白く光る雲母の粉が、波の模様を残している。海に入ったり、浜辺で砂まみれで遊んでいると、腕も足も、体中に雲母の粉がくっついて光っている。夜は、夜光虫（海ほたる）が、波に戯れる。昼は、太陽の光芒が、走る。夜は、月の光が、静かに光芒を落とす。この松原では、地引網は曳かれない。おそらく海の底は、砂地なので、魚の生息する場ではないと思われた。砂地にいるカレイやキスが、まれに見かけられる程度だ。広がる海原に、船もめったに通らない。日に、一、二度、今津大橋をくぐる漁船が、行き来するくらいか。

生の松原の海岸は、弓なりである。その右に小さな岬、妙見岬《みょうけんみさき》（お膳立て）がある。海浜公園になる以前は、海から近づいても、陸伝いに行っても、ひとの気配のしない、少し気味の悪い感じがした。お膳立てから二、三百メートルくらい離れて、松林が始まる。そこから一キロ半くらいが、生の松原の全長である。松林の左端には、糸島、唐津《からつ》方面に繋がる県道が一本走っている。山が海にせり出した狭いところを県道と筑肥《ちくひ》線が、並走している。ここは、長垂《ながたれ》と呼ばれている。この長垂から、筑紫山脈の主峰脊振《せふり》山へ向かって山々が、連なる。筑紫山脈は、屏風《びょうぶ》のようなものだ。この屏風と、博多湾に囲まれた福岡平野に、福岡・博多の街が広がっている。夜、唐津、糸島方面から、博多行きの列車やトラック、バスが、こちらに向かって走ってくる。長垂の闇の向こうから、突然、ヘッドライトが現れる。そして、海を照らした光は、暗い海にぐるりと半円を描いて走り抜ける。その後、海はまた闇である。

海に突き出た妙見岬一帯は、美しいだけでなく、あとひとつの顔を持っていた。そこは、気味の悪い場所（昨今、言われるミステリーゾーン、心霊スポット）でもあった。妙見岬には、昼間でさえ、付近のひとは近づかない。海岸は岩場から急に深くなっている。その数メートル先に、ひとつ岩がある。大潮のときは、波に呑まれてしまう岩場だ。その岩に、どうして渡ったか。ある夜、釣り師が釣りをしていた。それを見た。その海岸に、二人連れで行ったという者もいた。ものずきである。狸の子供が、二匹、ヨチヨチしていたこともある。これは、僕と幾人かが見ている。縄文時代の古墳も発掘されている。生の松原は砂丘で、その下は元寇防塁である。鎌倉時代の古戦場である。「芳一《ほういち》」の世界の舞台になりそうなところである。松林のなかに、火葬場があった。墓地もあった。荒れた砂地に、二、三百基のお墓が、雑然と建てられていた。いくつかは砂地に流されて、傾いていた。

ここでは、不思議な事件があった。火葬場の管理人、当時「おんぼ」と呼ばれていたように思う。電気もないところに、ひとりで寝泊まりしておじさんがいた。目が不自由らしかった。このひとが、数メートル下の、浅瀬の砂浜で、水死したのである。当時の火葬は、遺体を預けて、遺族は、その段階で、みんな引きあげる習わしだった。翌朝、遺族が遺骨を頂きにいくと、あるはずの金歯がなかった。実は、金歯も衣類も、火をつける前に剝ぎ取って、売却していたのが判明した。新聞記事になった。

そんな所でも、われわれは、そばを通り抜けたり、すぐ下の海で泳いだりした。ほとんど海風なのに、たまに、泳いでいるときに陸風が吹いてくる。夕方、火葬場の煙に包まれることがあった。今のように設備は完備していない。煙は、すべてがストレートだった。「おい、き……」と声がしたとき、僕がぎょっとなったのは、その背景があったからだ。

あれから半月が、過ぎていた。海へ出る途中の、小さな田んぼでは、稲穂が色づき始めていた。道端に野菊が咲き、赤トンボが、風に戯れていた。この半月の間、海辺に幾度か来てはいたが、古木には近づかなかった。波は静かで、波の音は、たまにざわつく程度だ。そこから今津大橋と、筑紫富士が望まれた。

つい最近、二百十日の台風が、吹き荒れた。その名残が、残っていた。折れた松の枝が落ちていた。松かさや松葉が散乱していた。砂丘から、海岸に下りた。ここにも、台風の跡が残されていた。流木や固まりになったアマモが、延々と砂浜に打ち上げられていた。春から夏の柔らかな表情は一変して、秋は深まり、海は群青色だった。

なぜか、あの澄んだ声に、魅せられていた。どこも汚れていた。なにもかも汚れていた。生まれてきたところは、悲しいところだった。生まれてから、自然以外の汚れのないものに、まだ会っていなかった。

ゆっくり、上半分が削げ落ちた、古木に近づいてみた。「おい、きみ……」と、遠くで声がした。

今度は、「……き……」の後が、はっきりしていた。「……きみ……」だった。……オッ、間違いなくあの声だ……。あたりを見回したが、だれもいない。前回と同じだ。ついに、出たか。狐狸か妖怪か。「ひとは、怖いよ。ゆう霊よりも、お化けよりも」。昼間だし、出るなら出てこい。そんなに、怖くはない。それでも、身構えた。子供の僕たちも、戦争で一度死にかけた身だ。今も、不安定な時代に生きている。この先も、見通しがあるわけではない。ゆう霊でも、お化けでも、あれほどみんなが騒ぎ立てていたのだから、冥途《めいど》の土産に、一度お目にかかってもいい。会ってみたいとさえ思っていた。火葬場や墓地はあるけれども、それは美しい生の松原の、ごく一部だけだ。松林、松籟《しょうらい》、砂浜、潮騒《しおさい》。海面に現れる、昼は昼の光芒、夜は月の光芒。今津大橋。筑紫富士。空には、靉靆《あいたい》。雲は、炉から出されたばかりの黄金に輝き、赤い夕陽に燃え、紫にたなびき、陽と共に暮れていく。引き換えに、星は、空一面に瞬く。充たされない僕、充たされない時代に、これほどの自然のめぐみ、あたたかさはない。これだけでも、孤独に耐えられる。ひとであることを、なんとか納得させて生きられる。ここは、僕の生きる場所であった。

「おい、きみ」
「だれだ。だれかいるのか。……出てこいよ」

強く言った。

「そんなに、怒るなよ」

声は、遠いけれども、澄んでいる。ついに、変なものが現れたな、昼間というのに。

「どこにいるのか。姿を現せ」

「……」

「お化けか、ゆう霊か」

「自分は、お化けではない。ゆう霊でもない。人間だ」

「人間？　人間なら、ここに姿を現せ」

「姿を現せと言われても。自分は、戦争で死んだんだ」

「やっぱり、ゆう霊か」

「……、そうかなあ。よく分からないな」

「一度死んだんだったら、この世に現れるのは、ゆう霊ではないか」

僕は周りをよく見渡したり、用心深く、松陰を見て回った。声の主は、見つからない。姿は、ない。いよいよ変なことになった。やっぱり、ゆう霊か？

「君は、いつも、ここにひとりで来るじゃないか」

「それが、どうした。この野郎、ゆう霊」

「この野郎か。そんなに怒るなよ。ゆう霊か。自分は、ゆう霊に会ったことはない。自分が、ゆう霊と呼ばれようとはな」

「なに言ってるか」

「君は、素直な少年だなあ」

「そんなこと、どうでもいい。とにかく、姿を現せ」

「素直だよ」

「僕のことを知らないで、調子のいいことを言う」

「そりゃ、分かるんだよ」

「分かるもんか」

「分かるねえ。君が近づくと、君の周りの空気が、澄んで見えるんだよ」

僕は、少し落ち着いた。

「どうして分かるんだ」

「君の周りの空気が、澄んでいる。それに、いい香りがする。菜の花畑かなあ。若草の匂いかなあ。自分が子供のころ、おばあさんや、おふくろや親父さんや、弟や妹と、おにぎりを持って、田舎に遠足に行った。そのときの匂いかなあ。とても懐かしい香りがする。家族の香りがする」

「なんにしても、兵隊で死んだんだったら、あんたは、ゆう霊なんだよ」

「そういうことになるのかなあ。自分の姿は、君には見えないのか」

「見えない」

「君は、はっきりと見えているよ。そうなのか。それでは、自分がどこにいるのか、君には分からないはずだ。それでも、君と話ができるのは、ありがたい。君に、特別用事があるわけではない。たまたま君に声をかけたら、君が、応じてくれた。これまでに、近くにきたひとに声をかけた。しかし、だれも応じてくれなかった。悲しかった」

「聞こえなかったのかな」

「君が、不思議がっているように、自分も、なんだか、不思議な感じがしている。それでも、話ができるのは、とてもありがたい。うれしい。お国のために戦争で死んで、だれにも相手にしてもらえない」

「見えないですよ。それに声も届かないんでしょう。いったい、兵隊さんは、こんなところで、なにをしているんですか。なんのために、こんなところにいるんですか」

「なんのために、ここにいるか。それは、自分には分からん。なにをしているか。それも分からない」

「君が近くに来たので声をかけた。それだけ」

「なんのために？　か。分からないな。なにもかも、まったく分からない。ここはどこかさえ、自分がどんなことになっているのかさえ、分からないんだよ」

「ここは、海辺の松林のなかです」

「海辺の松林のなか、か。そんなところにいるのか」

「では、僕としゃべっている以外は、なにも分からないのですか」

「そうなんだ。どうしてこうなったか。どうしてここにいるか。今の自分がなにものかも、分からない。君が不思議がっているけれども、君と同じ、自分も不思議なことになっていると思う。不思議な世界にいるらしい」

「僕は、不思議な世界には、いませんよ」

僕は強調した。

不思議の世界に引き入れられてはたまらない。

「そうなんですか。どこで戦死したかも、分からないですか」

「分からない」

「どこの出身か、分かりますか」

「いやあ、……」

「どんな山があるとか、どんな川があるとか。街の様子とか。寒い土地柄とか、温かい土地柄とか。なにかあるでしょう」

「そうだねえ。……、記憶がないな。なにも思い出せない」

声は、離れた松の陰から聞こえているかと思っていた。そうではないらしい。もしかしたら、この古木の空洞から、声が発信されているのではないか。松の古木は、落雷で上半分が斜めに激しく削げ落ちている。その下には、古木特有の空洞がある。どうやら、そこから聞こえてくるのではないか。近づいて、そっと、覗いてみた。なにもない。空洞である以外に、なにもない。

「僕に、なにか話があるんですか」

「なにもないよ。ただ、話ができたのが、とてもよかった。有り難う。また、君が近くに来たら、声をかけるよ。空気が澄んで、田園の香りがする。懐かしい家族の香りがする。そしたら、君だもの」

「そうですか。それでは、さよなら」

「もう、行くのか。有り難う。いろいろ有り難う。さようなら」

「ここは、どこだ?」と聞かれて、本当のことは言えなかった。海辺の松林のなかにいるとだけ伝えた。


しばらく、行かなかった。とても気にはなっていたけれど、気にしないように努めていた。行っていいのか、止めたがいいのか、迷っていた。それに十月の体育祭の準備で、放課後は詰まっていた。週末ごとに、雨の日が続いていた。生の松原の砂丘の下は、蒙古襲来のときに築かれた、全長およそ十八キロ、高さ二メートル、幅三メートルの石垣、元寇防塁の一部が眠っている。文永・弘安の役から八百年の歳月が、その石垣に砂を盛り上げ、砂丘を形成している。松林は、その上に広がる。ここから離れた別の海岸には、大きな石垣がむき出しになっているところがある。鎌倉時代の古戦場だ。まさか、あの兵隊さんは、鎌倉時代のものではあるまい。鎌倉時代なら、自分のことを「それがし」と言うに違いない。だったら僕は、やはり「芳一」にさせられていることになる。しかし、そんなことはない。兵隊さん特有の一人称「自分」と言っている。太平洋戦争の兵隊さんであるのは、間違いない。

生の松原のなかほどに、砂丘を割って流れる川がある。満潮のときに、波が砂を運ぶらしい。それが河口をふさいでしまう。水量の少ない川なので、この波の作用に、川の流れが負けてしまう。満潮のとき、砂でふさがれた河口を、干潮のときに、それを破って水が流れる。この珍しい現象は、満干のたびにくり返されている。河口の少し上までは、川幅二十メートルのところもあり、三十メートルのところもある。砂と波がせめぎ合っているために、河口での幅はぐっと狭まって、引き潮のときは五、六メートルしかない。干潮のときは、浅い。水は、くるぶしまでしかない。満潮のときは、かなり上にある橋を渡るしかないけれど、引き潮だと、靴を脱いで、その浅瀬を渡る。浅瀬の水を面白がって遊んでいると、足の下の砂が水の流れで掘られて、足がのめりこむ。そして、ズボンの裾を濡らすことになる。

八郎君のうちは、川を渡ったすぐの砂丘の上にある。八郎君のうちに行くときは、いつも川を歩いて渡るわけにはいかない。いつも引き潮ではない。渡れないときは、上流の橋を渡るしかない。この川の名は、十郎川。友達の名は、八郎君。八郎君は、こころやさしい親友だ。彼は、ヤギを一頭飼っていた。ヤギは、彼のともだちだった。いつもこのヤギの面倒をみていた。八郎君は、大陸からの引揚げ者だった。お母さんはいなかったか。お父さんはいたか、いなかったか。どちらも会ったことがなかった。砂丘の上に、小さな家を建てて住んでいた。台風のとき家は、飛沫に洗われたに違いない。戦後、そんな風景は、全国どこにでもあった。僕は、ある時期、生の松原に行くたびに、八郎君を訪ねていた。八郎君から僕に、なにか話すことはなかった。彼は、いつも穏やかで、大人しかった。僕も、彼と同類の少年だった。僕からは、家のこと、引揚げ体験のことなど、なにも訊いたりしない。ヤギの世話をしているところにいて、じっと見ている。

「ヤギは、こんな葉っぱを食べるの」

「そうだよ」

「たくさん食べるの」

「そう。この辺りは、砂地なので、草はあまりないよ」

「そうか。どこかにエサ取りにいくの」

「この少し先の、土手に行くんだよ。ヤギを連れて行くこともあるよ」

「松葉は食べないの」。「食べないんだよ」

その日、彼を訪ねたが、珍しく彼はいなかった。砂丘の家の横に、ヤギが繋がれていた。砂地に、少しばかり生えた草を食べていた。砂丘には、浜昼顔や、ハマエンドウや、黄色の小さな花が咲いた。厳しい環境が似ているのか、高山植物の花のように、鮮やかで、小さな花をつけていた。海の青、白い砂のなかに揺れていた。僕は、いつものようにヤギの角を押した。ヤギは、強く押し返してきた。少し、ヤギのところにいたけれど、八郎君に会えなくて、引き返した。十郎川を素足で渡り、そして、古木に近づいた。兵隊さんのゆう霊かもしれないけれど、僕には、その恐怖とか、気味の悪さが薄らいでいた。

折れた古木に近づいて、黙ったまま立った。空洞を覗くとすぐ、

「やあ、君か。また会えたね。嬉しいね」

遠い声は、弾んでいる。

「君かって、どうして僕だと、分かるんでしょうね」

「そりゃ、分かるよ。君は、懐かしい香りがするんだよ」

「香りだけですか」

「いや、空気も澄んでいる」

「それ以外に、なにか分かりますか」

「君は、丸顔な少年。色白で、目はほそめで、背はそれほど高くはない」

「そうですか。そのように見えているのですか。本当に、そのように見えているのですか」

「そうだよ。どうして」

「僕は、見えている者とかなり違っていますけれどね」

「そうかな。どう違うの」

「どう違うのって、僕は、少し長顔ですよ。父親に似て。それに、海辺にいつも来ています。色黒です。もともと、九州の男ですから、色は、黒いです」

「そうかなあ。信じられない。自分の前にいる君と、君が言っている少年が、そんなに違う。どうしてかな」

「僕は、太っていますか、痩せていますか」

「痩せてはいない」

「そんなことはありません。とても痩せています。敗戦で、まだ満足に食べられないですよ」

「ちょっと、待ってくれ給え」

「敗戦って、戦争に負けた？　まさか、戦争に負けた、日本が。大日本帝国が。それはないだろう」

「ウソではありませんよ。負けたんです。もう、敗戦から、六年も経っているんですよ」

「そうか。負けた。信じられない。もう、六年も経っている。いやいや、君がウソを言うはずもない。君を、信じている。その負けたってのが、信じられないんだよ」

兵隊さんの声が、細くなった。

「ううう、……」

泣いているのか。それは午後の波に消された。

しばらく、沈黙があった。僕は、黙ってこのまま帰ろうかと思った。

「六年も経っている。今、日本は、どうなっている」

「どうなっているかと訊かれても、簡単には、説明できませんよ。そのくらいに、変わりました」

「日本人は、皆殺しには、ならなかったの」

「なりません」

「軍隊は？」

「軍隊は、ありません。兵隊さんも、いません」

「天皇陛下は？」

「いますよ」

「そうかあ。それで君は、学校にいっている」

「そうです。中学生です。小学校に六年間、中学に三年間、行くんです。これが、義務教育です。みんなだれでも、行かなくてはいけないんです」

「国民は、どうしているの。なにをしているのかね」

「国民は、働いていますよ。生活は、苦しいですけれど、何とか働いて、食べています」

「軍隊がない。兵隊もいない。そんなことになっているのか。想像もつかない。別世界の話だな」

「兵隊さん、あなたは、ここがどこだか分からなかったですよね。松林、海のそばさえも。兵隊さんは、僕が、本当に見えていますか。僕には、疑問です。もしかしたら、僕とは違う別の少年が見えている。兵隊さんが、僕が色白で、丸顔などと言っていますけれど、僕は、丸顔ではない。色白でもない。違い過ぎますよ」

「そう言われると、自信はないな。では、自分が見ている少年は、だれなのか」

「もしかしたら、兵隊さんの少年時代、自分自身の姿ではないですか。兵隊さんは、子供のころ、家族と田舎に遠足に行った。そのときの懐かしい香りがする。僕が近づくと、菜の花の香りがしたり、若草の匂いがしたり、家族の匂いがするんでしょう？　兵隊さんの話を聞いていて、僕には、兵隊さん自身のこと、子供の頃のこと、家族のことなど思い出されているんではないかと思われます。僕が側にいることで、兵隊さんの元気だった過去を思い出させているような……」

「そうなのか。自分には、君のように、いろいろと考えることはできない。君が近づくと、君の周りの空気が澄んでいたり、懐かしい香りがしたりする。そして、君と言葉を交わすことができる。それ以外は、なにも分からない」

「そのようですね。僕が、兵隊さんの元気だったときのことを、思い出させるきっかけになっている。それで、兵隊さんは、僕とは話ができているのではないですか」

「君が、そう言うなら、そのとおりだと思う。自分は、戦死している。それなのに、君と話ができる、不思議だ。しかし、なんであっても、有り難い。君には、迷惑をかけている。すまない」

「僕が三歳のときに、戦争が始まったんです。僕は、戦争は、ひととひとが殺しあうと母親に教わりました。そして、ひとは怖い、ゆう霊よりも、お化けよりもと、母は言いました。たしかに、兵隊さんが、ゆう霊だとしても、僕は、怖くない。怖いのは、ひとがひとを殺す戦争の方が、はるかに怖いです」

「そうか。君のお母さんは、そう言ったのか。君が三歳のときに、戦争が始まった。そのとき、お母さんが、そう言ったのか。自分は、ゆう霊だけれど、君に怖がられていない。それで自分は、君に近づき、話ができる。幽霊を怖がるひとには、自分は受け容れてもらえないのかもしれない。君で、良かったよ」

「……」

「しかし、自分は、兵隊だから、ゆう霊よりも怖い存在だ。もっとも、一度も戦わないうちに、輸送船が攻撃され、沈没してしまった。その輸送船の乗組員だった。お国のために、兵隊で死ぬ。名誉なことだと教えられていた。自分も、そう信じるより仕方なった。しかし、一方では、死ぬために生まれてきたのか、ひとを殺すために生まれてきたのか、いつも胸のなかにその疑問があって、消えることはなかった。お国のためだけではなく、父や母や家族を救うために戦うのだと、言い聞かせていた。

戦争を好きな人間は、人間としては、最低だ。しかし、戦争をしているときは、その最低の人間が中心で、国を動かし、思想をつくり、いくら嫌々であっても、国民を戦争に向かわせ、男たちを兵隊にしてしまう。女たちは、これも有無を言わさず、銃後の守りに就かされる。兵隊ってのは、早く言えば、理由はどうであれ、ひと殺しなんだもの。君のお母さんの言われるとおりだよ。人間だもの、だれでも心の片隅には、そのくらいのことは考えているもんだよ。

しかし、圧倒的な戦争の流れのなかにいる、強大な流れのなかにいる。そのとき、とても戦争反対なんて口には出せなくなる。そんなことを言うのはもちろん、考えることさえ、非国民だ。それは、間違った人間の考えることとされる。自分によく言い聞かせて、国や家族を守る大義名分のために戦争をするぞと。自分もすっかり変わってしまう。戦争はいけないなんて、初めのうちだけだ。状況が切迫してくると、そんな考えはどこかに吹き飛ばされている。

あるところを境に、ひとは簡単に変わってしまう。大きな流れに引きずられ、飲み込まれてしまうらしい。林道や沢を苦労して登る。そして、やっと峠に出る。まるで景色が違う。違う世界を見てしまう。乗越しに立ったようなもんだ。そこは、平和と戦争を分けている。ふたつの世界。怖い、のっこしだ」

「のっこし、ですか」

初めて聞く言葉だった。峠のことだという。どこかの土地の言葉のようだ。どこか分からないけれど、その言葉を使う土地の出身者らしい。どこだろう？

「そうとも、乗越しだよ。こんなの悲しいね。自分も、戦争世界の、そのひとりになっていくのが分かった。戦争するために生まれてきたのではない、ひとを殺すために生まれてきたのではないなんて考えは、いつの間にかすっかり消えてしまう。戦うぞ、お国のために、家族を守るために命を賭ける。そのためなら、命を捨てても惜しくはない。いずれは、人間なんて、みんな一度は死ぬんだ。お役にたてればいい。お役にたてるうちが、華だ。と自分は、変わってしまっていた。

ひとは変わるって言うけれども、変わるねえ。変わってはいけないものまで、変わってしまう。変わってしまって、戦争の流れのなかに飲み込まれた。お国のため、戦争に勝つために戦い、初心とはまるで違って、自分は潔く戦死してしまったのだ。ひとつしかない命。なんのための命か。戦死したり、ひとを殺すための命ではなかったはずだ。まして、負け戦のために、なんか。君と話していると、なんのために兵隊になって死んだのか、考えてしまう。考えると、ふつふつと煮えたぎるものがある。抑えがたい。まして、命を捨ててまで戦って、負けてしまったとなると、許せない。分かってくれ給え」

「兵隊さんが、そのようなことを考えておられるとは、思いもしませんでした」

「戦争が終わって兵隊や軍人たちは、どうしているのかね」

「普通にしていますよ。会社や工場で働いています」

「そうなのか」

「戦争に負けて、国は、めちゃめちゃにされたのか、な」

「戦争が終わる前に、めちゃめちゃになっていました」

「そうか。やはり。たくさん戦死したのか、な」

「たくさんのひとが亡くなりました。三百万人です」

「そうか、そんなにひどいことに。こんなことになるなんて。納得できない。国のやったこと。軍人たちのやったこと。死んだ者は、無念としか言いようがない。今さら、命を返せといっても、仕方がない。せめて、責任ある者に、納得のできる説明をして欲しい。納得させられる説明は、だれもできないはずだ。自分は、どんな説明も、弁明も、受け容れられない。納得なんかしない。ただ、残念だというしかない。あの連中に、国を引っ張って行かれたのが、残念としか言えない。これも、人間の悲しい一面と考えるしかないのか。考えたくもない。まったく、残念だ」

僕は、兵隊さんの霊と自分の間に、ある接点を感じた。ある接点が、ふたりを惹きつけたのではないか。それで、この霊は僕に近づき、僕も、兵隊さんの霊と、話ができるのではないかと思った。

「今、少し前に、村祭りのざわめきが聞こえた。笛や太鼓の祭りばやしが、聞こえた。ところがとても遠く微かなので、本当に村祭りのざわめきか、笛や太鼓のような気がするけれど、本当にそうなのか、分かりにくい。耳を澄まして、聞いていたんだけど」

「さあ、それは、……」

「それだけではない。祭りばやしが鳴りやんだら、子守唄のような、はっきりしなかったけれど、懐かしい歌が聞こえた。だれかが歌っているような……。これも子守唄なのかどうか、そうだとは言い切れないような……。母親の側にいるときのような感じがする。しかし、どの音も声もあまりにも遠過ぎる。行ければ、行ってみたいと思っていた。どれも懐かしいざわめきだったり、音だったり、子守唄だったりした。君が、話し相手になってくれてから、幾度か聴いている。懐かしくて、暖かい。また、ぜひ、聴きたいものだ。歌は、いい。歌は、嬉しい。

こんなこともあった。だんだん周囲が暗くなっていく。そして、自分は、胸苦しくなった。この苦しみから、なんとか逃れたいともがく。なんとかしなくてはと焦った。もがくけれども、だんだん力がなくなっていく。そしてついに、ぐっと息が詰まる。意識が薄れ、辺りが真っ暗闇になった。なにもかも消えた。意識もきえた。

するると、きれいな星が、一面に輝いていた。自分は、雲のような霧のようなもののなかに、立っているらしい。ふあふあして、踏ん張りがきかない。足もとを見ようにも、それに包まれて見えない。しかしその隙間から、天と同じようなたくさんの星が、煌めいているのが見えた。自分は、宇宙のまんなかに、ひとり浮いているのではないかと思った。そして、煌《きら》めくたくさんの星から、澄んだきれいな音が聞こえる。音は音楽のようにも聞こえる……。流れ星には、音とか音楽があるのかな。流れ星が、走る。流れ星は、自分になにか叫びかけている。おーいとか、わーとか、なにか言っているように感じた。それが、なんだか分からない。一瞬のことだから」

「そうですか。いろいろといい経験をされているのを聞いて、僕は少し安心しましたよ。波の音や、松林のざわめきは、聞こえませんか」

「それは、聞こえないなあ。いや、どうかな。分からないなあ。大きな静かな音が、揺れているような、感じはしている。その音に包まれているような、感じはしている」

「それが、ざわめきだったり、祭りばやしのようだったり、子守唄のようだったりするのとは違いますかね」

「さあ、そんな難しいことは分からない。でも、あの音に合うと、とても、心が和む。ホッとする。懐かしいものに包まれている感じがする」

「そうですか。僕も、嬉しいです。それを聞いて、とても安心しました。今日は、これで失礼します」

「ああ、もう帰るの。楽しかった。有り難う。また、来てくれ給え」

「また、来ます。さよなら」

「さようなら、元気な姿を見せてくれ給え」


兵隊さんは、匂いに敏感に反応している。同じように音にも、敏感に反応している。光にも、敏感に反応している。僕が近づくと、僕を取り巻く空気が澄んで見える。また、昔、家族で田舎に遠足に行った。そのときの菜の花の香りや若草の匂い、家族の匂いがするという。それは、兵隊さんの元気なときの記憶を、呼び覚ましているように思われた。そのことが、会話ができるきっかけになり、実際に会話ができるまでに、兵隊さんの霊を揺さぶっていると考えていいか。僕以外のひとが近づいて来て、話しかけても、なにも反応がないという。僕が近づくと、兵隊さんの記憶が呼び覚まされる。音、香り、匂い、光が現れる。このようなことが、兵隊さんと僕を引きあわせる、接点のひとつになっているのだろうか。

僕が三歳から、戦争を嫌い、戦争をする人間を嫌い、戦争の名でひとを殺すひとを、嫌い続けてきたことに、兵隊さんの霊の持つ、戦争に対する思いが、お互いに、どこかで縁を感じているのだろうか。そうとでも思わなければ、説明がつかない。そうであっても、そうでなくても、兵隊さんの霊と出会ったこと、有り難かった。僕のこころの理解者に、初めて出会った。

この世では、僕ひとりだと思っていた。これから先も、ひとりだと思っていた。けれども、ひとりではなかった。僕も人間のこころがひとつ、自分のなかにあるのを気づかされた。僕は、今までとは違った。見えないものに対し、素直なひとになったような気がした。生の松原を、スキップしながら、後にした。

四歳のとき、豪雨で叩かれる庭を見ながら、「ひとがなにものか、自分がなにものかが分かった」、「ひとは怖い、ゆう霊よりも、お化けよりも怖い」、「戦争は、ひととひとが殺しあう」、戦争の意味も分かった。そのとき僕は、「変なところに、変なものに生まれた」と、激しく泣いた。これ以上つらく、悲しいことはあり得ない。もう、これから先、なにがあっても、泣かないと決めた。八月十五日・終・敗戦の日も泣かなかった。

小学三年生のとき、休職中の担任の若い宮川純子《みやかわじゅんこ》先生が亡くなった。先生は、クラスのみんなに優しかった。ズボンが破れると、すぐに縫ってくれた。そのために、先生の机の引き出しには、いつも針と糸が用意されていた。服を泥んこにすると、そこを洗ってくれた。算数が分からない子供には、分かるまで教えてくれた。みんなに慕われていた。母親のいない子は、母親のように慕っていたようだ。

その先生も、一度、みんなの前で、大声をだして泣いた。いつまでも、嗚咽《おえつ》が止まらなかった。松隈《まつくま》すみ子が、学校を辞めると、朝礼でクラス全員に報告したとき、先生は、こらえきれなかった。松隈すみ子のお母さんが、亡くなった。うちは、パン屋さんだった。弟と妹がいた。お父さんは、朝早くからパンを焼く。もちろん、前夜には、仕込みがある。それを、これからひとりでやらなければならない。その上、三人の子供を学校に行かせる。それは無理で、とてもできなかった。お父さんが無理をして、働けなくなるとどうなるか、だれが考えても、答えは、それしかなかった。松隈すみ子は、小学三年生で、中退した。明るい子で、だれにも好かれた。教室に、穴が開いた。みんな学校の登下校に、パン屋さんの前を通る。彼女は、たぶんその時間を避けて、あまり店には出ないようにしていたようだ。見かけることは、ほとんどなかった。もっとも、パン屋さんの前を通る子供は、だれも彼女を見たくはなかった。数年間、そのパン屋さんは、店を開いていた。そしてあるとき、突然、閉店した。理由は、分からない。聞きたくもなかった。どこか博多のもっといい場所で、またパン屋さんをやっているのだろうと想像した。あんなに熱心に、うち中で働いていた。きっと、繁盛しているだろう。

宮川先生は、朝の授業が始まって、十分間は、小学生新聞の物語を読んでくれた。やがて先生は、休職した。まもなく、お母さんが亡くなった。結核だと聞いた。先生は、なおも休職を続けていた。冬の初め、先生は亡くなった。結核だった。先生は、とても若かった。クラスのひとりひとりのことを、自分の家族のように思い、松隈すみ子の中退を、あんなに泣いた理由が、先生の境遇から出ているのを知らされた。クラス全員で、葬儀に出ることはなかった。先生は、病院から葬儀を出されたからだ。お父さんも、お兄さんも、戦死していた。お母さんを亡くし、先生は、ひとりで生きていた。ある朝、教頭先生が教室に来て、臨時の担任の佐田信行《さだのぶゆき》先生とふたりで、そのことを話された。あんなにやさしい先生なので、みんなこころから好きだった。父親が戦死した生徒、母親がいない生徒が、クラスに五、六人はいた。彼らは、母親のように慕っていたので、嘆きは深かった。みんな泣いた。このときも、僕は泣かなかった。

日曜日の朝、いそいそと松原へ行った。浜辺に寄り道もしないで、まっすぐに古木に近づいた。空洞を覗いて、初めて、僕から声をかけた。

「いますか」

「いるとも、君が近づいて来たのは、分かっていた。もう、学校は終わったの」

「いえ、今日は、日曜日です」

「日曜日なんだ。勤労奉仕なんかないの」

「ああ、それは、戦前の話ですから。今は、そんなものは、ありません」

「自分が元気だったころは、学生たちは、勤労奉仕があった。国家総動員令が出されていた。海軍にいたときは、月月火水木金金だった。一週間は、土日がなく、毎日働いた」

「朝だ、五時半だ、弁当箱さげて……、海の男は、艦隊勤務、月月火水木金金……。そんな替え歌が歌われていました」

「そうか。戦争が終わって、勤労奉仕も、そんな歌もないんだね。変わったなあ」

「変わりましたよ。子供の僕でさえ、びっくりするほど変わりました。軍隊はいない。軍国主義から民主主義へ。一晩で、変わりました。学校も先生も、手のひらを返すように、変わりました。敗戦は、八月十五日、ちょうど夏休みでした。一学期と二学期では、別の世界でした。学校だけでなく、あんなにひとが変わるのを、生まれて初めて知りました。目の当たりにしました。それが、いまだに信じられないくらいです。そのくらいの変化です。

軍国主義なんて、とんでもない。軍人が威張りやがって。特高だって威張りくさって。あいつら、半殺しにしてやりたい。しかし、そのような声は、意外に少なかったと思いますよ。軍国主義に、反感や恨みを持っているひとたち、血気盛んなひとたちは、戦死している。残された者たちは、女、子供、お年寄りです。それに、進駐軍が占領していて、治安に目を光らしていた。

軍国主義だ、お国のためだ、滅私奉公、欲しがりません、勝つまでは。贅沢は、敵だ。その口で、一晩明けると、これからは、平和だ、平和だと、小鳥が囀《さえず》るような声をあげました。平和の時代だ。戦争は、いかん。民主主義だ。男女同権だ。

僕は、もともと戦争するひと、戦争の名で、殺しあうひと、そのようなひとに、不信感を抱いていています。この手のひらを返すような大人たちを見て、いっそう不信感が、強くなりました。これは、お祭りだと。お祭りのときに、わっと行くのと同じだ。考えていない。戦前、わっと行ったのと、戦後、わっと行こうとしているのと、なにも変わらない。器が変わって、中身が変わった。器は同じ、中身が変わった。そのどちらでもない。器も、中身も変わっていないのではないか。変わった、変わらなければと言っているのは、口先だけで、戦前の国家や社会を造った人間が、戦後もそのまま生き残っている。この悪質な大人たちが、なにかやっても、根本的に、変わり切れない。口先だけだ。戦前戦後、本質は変わらない。戦争をするのも人間、嫌だというのも人間。本質は、少しも変わらない人間。

天の一角を睨んで、僕は、いつもそう思っています。気を緩めないようにと。きっと、戦前のゆう霊が、将来、また姿を現すときが来る。来ないと思っているのは、アホだと思いますよ。日本の歴史を見ても、それは分かります。ヨーロッパの歴史を見ても、いっそうはっきりとしています。歴史は、くり返すというのは、ひとがアホだから、間違いをくり返すということでしょう。そうして間違いながら、どんどん、スケールは大きくなる。歴史も、そのほかのものも、物事が進むのは、らせん状に上りながら進むと言います。らせん状に上るとばかりは言えません。らせん状に下るものもあると思います。十九世紀、二十世紀の歴史を学んだだけでも、戦争は、くり返して起こり、その都度、大きくなっていきます。この戦争を経験して、楽観的なことを言うようでは、人間の将来は、見えていると、僕は思っています。

あの戦争を見て、なにを信頼し、希望を持てと言うのですか。戦争が終わったばかりで、束の間の、安らぎはあります。しかし、隣の朝鮮半島では、また戦争が始まるかと、言われていました。戦争が終わったら、次の戦争が待っていた……のです。敗戦のとき、七歳、僕は、今後、いつまで生きられるか分からない世の中だけれど、社会と人間を、定点観測する。ここから、一歩も動かない、と決めました」

「朝鮮半島で戦争。日本は、どうしている」

「日本は、戦争していません。半島は、北と南に別れて戦争になりそうです。北は、中国、ソ連が後ろについている。南は、アメリカなど、ヨーロッパがついている。

「君は、難しいことを言う。それにしても、君の使う言葉が、分かりにくい。民主主義とか、男女同権とか、聞いたことのない言葉だ。なんだか、凄いなあ。凄いことになっているなあってことが、分かるけれど、中身については、見当もつかない」

「そうでしょうね、そう言われも仕方がない」

「なにもかも、ゆっくり話してくれ給え」

「そうします」

「君に、ひとつ頼みがあるんだ。自分は、戦死したので、ゆう霊かもしれない。しかし、君に、そう呼ばれたくない。寂しいじゃないか。せっかく、知り合いになれたのに」

「そうですよね。僕も、そのように呼びたくはないですよ。戦後、七年も経って、兵隊さんとも、呼びたくないですよ。兵隊さんも、いつまでも、重荷を背負わないでくださいよ。今は、日本には、兵隊さんはいない。それに、いつまでも兵隊さんで、ご迷惑かけられないですよ。お名前は？」

「名前か、それがねえ。……思い出せない」

「実は、考えていたんですけれど、兵隊さんの声は、松の古木のなかから、聞こえて来るんですよ。堂々とした古木のなかから。それで木に宿る霊という意味で、木霊。こだまです。呼び方は、こだまではなくて、もくれいさんでもいいですけれど。兵隊さんは、ここではなく、実は、どこか遠くにいて、その声がこの古木に、こだましているのかもしれません。その意味では、こだまさんですけれど。もくれいさんがいいですか。こだまさんがいいですか。どうでしょうか。まだ他に、いい呼び名がありますか」

「木に宿る霊で、木霊、もくれい、なんだね。その意味は分かるね。しかし、こだまと呼ばれたいな。その方がいい。こだまだと、君と親しくなれる。自分のなかにあったぎこちなさが、消えていくような気がする。気を使ってくれたんだね。君が、名づけ親だ」

「名づけ親だなんて、そんな……、僕なんかが。でも気に入っていただいて、有り難うございます。これから遠慮なく、こだまさんと呼んでいいですか」

「もちろん、君の名前は？」

「僕は、本名は、あります。しかし、こだまさんが、本名でないので、僕だけが本名というのも、気が引けます。ここは、松原ですから、松にしてください。こだまさんの声がするのも、松の古木の裂けた窪みからですから」

「そう。それでいいね。松君か。決まりだな」

「それで、松君は、中学生の二年生だと言ったよね。何歳になるんだね」

「十四歳です」

「十四歳か、兵隊に行くまでには、もう少し先だったな。自分たちは、そのころ、学徒動員で、工場で働いていた。勉強なんかしなかった。君は、敗戦のとき、七歳だったよね。これからだったんだな。君のうちで、だれか兵隊に行ったの？」

「いいえ、父は、もっと以前に、兵隊に行っています。戦争が、始まる前です。台湾に行っています。マラリヤになって、ずっと後まで、苦しみました。夏でも、発作が起こると、寒い寒いと言って、布団を重ねた。それでも、ガタガタ震えて、それが止まらなくて、苦しみました」

「自分たちよりも、もっと前の時代だ。そうですか。台湾ですか」

「こだまさんは、大陸にいたんですか。こだまさんは、どこで戦争したんですか」

「自分は、戦争したとは言えない。南方方面に行く途中で、乗っていた輸送船が、敵潜水艦の魚雷攻撃を受けて沈没した。戦地へ赴く途中だ。せめて戦地に赴いて、敵を叩きたかった」

「そうですか。残念です」

「自分は、戦死してから、まさかひとの声で、しかもしらない少年の松君に、残念ですと慰められるとは、思ってもみなかった。ありがとう。

あのとき、貨物船で、南下していた。沖縄沖を過ぎて、さらに南下していた。南洋方面に行くのは、聞いていた。それ以外の詳しい情報は、聞かされていない。南方方面が、戦地だとは分かっていた。

昭和十九年、秋。たぶん、ビルマ（現在のミャンマー）の海域に近づいていた。陽が落ちて、危険な海域を突破する計画だった。海に沈みゆく太陽は、これまで経験のない景色だった。海は青く深く、大きい。その水平線に、太陽が、ゆらゆらと沈んでいく。大きな太陽、真っ赤な太陽。燃える太陽が、海の彼方に落ちていく。海は、燃える太陽の炎が燃え移ったかのようだった。感動した。感動したけれど、この世の終わりのように、荘厳な夕焼けだった。いや、いけない。不吉な考えだと、すぐ打ち消した。

まもなく夕闇が始まるかと、期待した。太陽の燃え方が、少しずつ力を落としている。そのときだった。左舷に魚雷二発の攻撃を受けた。輸送船は、火を噴いて傾いた。わが方の護衛艦は、勇敢に立ち向かった。アメリカのＢ29爆撃機が現れ、低空飛行をくり返し、甲板に敵機の執拗《しつよう》な機銃掃射を受けた。敵機も、三機撃墜した。兵士たちは、バタバタと倒れた。それから数分刻みに、敵機の攻撃が、くり返された。

そして、うっすらと残る夕陽に包まれて、敵艦が姿を現した。敵艦は、二隻。戦闘機は数機、洋上と空から、猛烈に攻撃してきた。わが護衛艦も、魚雷攻撃をうけて、戦闘能力が落ちた。爆弾攻撃も受けた。三十分間くらいかどうか、正確なことは分からない。右舷に、ほとんど同時に二発の爆弾を受けた。そして、わが輸送船は、炎に包まれた。

火だるまになって、海に飛び込む者もいた。自分は消火活動に当たっていたが、消火活動は、すでに限界がきた。左足に、激痛を感じた。感じてはいたが、それどころではない。痛い足を引きずりながら、任務に当たっていた。しかし、左足が動かなくなった。ついに、来るべきものがきた。かなりの数の者たちが、波間に浮いていた。……飛び込め、とびこめ……と手招きしている。艦と運命を共にすると、覚悟を決めていると思われる士官たちがいた。……天皇陛下万歳……。いくつかの声が、波間に響いた。……死ぬな、生きて戦え……と叫ぶ声もあった。

傾き始めた輸送船の船べりまで、這うように左足を引きずって行って、デッキから飛び込んだ。左足は、痺れて感覚は麻痺していた。足の負傷がなくとも、助かるまい。それでも艦から少しでも離れようとして泳いだ。すでに、覚悟を決めるしかなかった。輸送船も護衛艦も、黒煙と炎に包まれながら、傾いていく。艦上には、すでに人影はなかった。幾人かは艦に残っていたが、振り向くとだれの姿も見えなかった。少しでも遠く離れなくては、自分は、下半身の麻痺と薄れる意識のなかで考えていた。沈没する艦船に巻き込まれてしまう。どれほど逃げ切れたかは、分からない。燃える油を海面に残して、輸送船も護衛艦も沈没した。ギリギリ巻き込まれないで、助かった。

そのとき、自分の周囲には、だれもいなかった。離れたところで、波間に、いくつかの頭が浮き沈みしていた。……油の一滴、血の一滴……、油の一滴は、血の一滴、そのくらい大切なものだ。お前たちの命よりも大切なものだ。さんざん言われていた。お前たちの補充はきく、油の補充はきかないぞ。命の危険が迫っているのに、燃え上がる火の海を見て、〃お前たちの補充はきく、油の補充はきかないぞ〃、しつこく頭に現れた。

〃敗者は消せ〃と言われていた。生きて、戦いに負けた話をするのは、日本軍の士気に関わるとされた。所詮は、そんなペラペラな命なんだ。そうなんだな、そんな風に、生きていたんだなと、思った。自分が、なんの値打ちもない、ペラペラした一枚の紙に思われた。一枚の紙が、だれにも知られず、太平洋の海水に溶けて消える。もしかしたら、燃えてしまう。そのようなものだ。悟れない。諦めよ。それを頭のなかで、くり返した。

いくらか海面の火が、衰えた。その向こうに、初めて見た大きな太陽は、ゆらゆらと沈んでいった。残照が、空を照らし、波間を照らしていた。……ここはお国を何百里　離れて遠く満州の　赤い夕陽に包まれて　友は野末の石の下……ああ　戦いの最中に　隣におったあの友がにわかにはたと倒れしは……（略）……勝ってくるぞと勇ましく　誓って国を出たからは　手柄立てずに死なりょうか……進軍喇叭聞くたびに　瞼に浮かぶ母の顔……満州ではない。自分は、南洋の海に浮かび、ひとり赤い夕陽に包まれていた。赤い夕陽の残照も、消えた。

満天の星空があった。おふくろの眼差しがあった。子供のころ、食あたりで高熱をだした。おふくろは、寝ないで、ひと晩中タオルを替えて熱を下げてくれた。よなかに、ふっと目を覚ました。覗き込む、おふくろの目があった。細目なのに、大きな目だった。……心配しないでね。朝には、熱が下がるよ。平泳ぎで、体を浮かしていたけれど、もう、限界だった。頭が、波をかぶるようになった。息苦しくなって、頭をだす。幾度もくり返さないうちに、ついに、波のなかにいた。星空は、消えた。辺りは暗くなりながら、ほんのりと青さが残っていた。おふくろの眼差しが、残っていた。

もう、いいよ、おふくろさん。短い時間だったのか、長い時間だったのか。家族で、神社の秋祭りに出かけたこと。紙風船を買ってもらって、ふくらませてついたこと。歳の瀬の餅つき、正月に着た新しい着物と下駄。凧揚げ。おふくろが、庭の花壇に、水仙やのぼりふじやきんせんかを植えていたこと。朝顔、コスモス……。瞼に浮かぶ　母の顔　まぶたに　ううかぶ　はは　かお　まぶた………ううか………はーのーかー……それからのことは、覚えていない。気がついたらここにいて、松君と知り合いになっていた」

「そうですか。戦争が終わって、七年も経っているのに」

「そういうことは、なにも分からない」

「こだまさんは、それだけいろいろと思い出せるのに、どこの生まれか、名前がなにかも、思い出せないですか」

「これだけだ。思い出すのは。後は、君としゃべっている以外のことは、なにも思い出せない」

「なにか、きっかけはないですかね。街の様子とか。冬は、雪が多いところとか、多くないとか。富士さんが見えるとか、なんでもいいですから、どんな山があった、どんな川があった、思い出せないですか」

「思い出せない」

「そうですか。そのうちに思い出されるといいですね。そしたら、話してください」

「もちろん、話すよ。話し相手は、君しかいない。自分は、戦前戦後の話を聞いていて、分からないことが多い。納得できないことが多い。本当に、戦争に負けたんだよね」

「本当ですよ」

「負けて、軍隊は、なくなったんだよね。軍隊は、なくなった。たくさんの兵隊は、どうなったんだ」

「陸軍も、海軍もありません。たくさんの軍人、兵隊さんは、生き残ったひとは、日本にいますよ。大陸や南方に転戦していた兵隊さんたちは、たくさん亡くなりました。僕は、あまり詳しくは分かりませんけれど、三百万人とか、戦死されたんじゃないでしょうか」

「そんなにたくさんか。全滅に近いんだろうな。日本にいる兵隊たちは、どうしているの」

「生きて帰ってきた兵隊さんは、それぞれ家庭に戻っていますよ。みんなお互いに、食べるのにたいへんですけれど」

「仕事しているの」

「仕事は、敗戦直後よりも、今は少しは、なんとかなっていると思います。農業や工場勤めなど、それぞれです」

「アメリカ人は、たくさんいるの」

「たくさんいます。全国にたくさんのアメリカ軍の基地があります。鬼畜米英と言われて、僕などでも、鬼畜が上陸して来たら、殺されると思っていました。けれども、そんなことはありませんでした」

「言われていたことと、ずいぶん違うなあ」

「戦後すぐに、大陸から引揚げてきたひとたちの話とは、ずいぶん違います。日本人は、かなりひどいことをしたようです。もちろん、中国のひとたちに、親切にしたひともいたようです。そんなひとたちは、日本が負けても、食べ物をくれたり、かくまったり、連れて帰れない日本の子供を引き取って育てたりしたようです。中国人は、恩義を重んじるという話も聞きました。しかし、日本人の親切は例外で、引揚げ者たちが、日本人が、あんなに悪いとは知らなかったと、言っていましたよ。でも、いろいろでした。ソ連人は、ひとがいいと言っている親戚のひともいます。ソ連に捕虜として抑留され、シベリアの炭鉱で働かされたひとは、命がけの苦労をした。ひどい目にあった。生きて帰れたのが、不思議だと言いました。置かれている状況で、ひとは、いろいろ変わるようなので、なに人がいいとか、なに人がよくないとか、なかなか決められない。それに個人差もあるでしょうから。

僕がそれまでに、いろいろと聞いていた話と、アメリカ人の対応とは、ひどく違っていました。さすが、自由の国、民主主義の国と思わせられました。子供の僕でさえ、感心させられました」

「なるほど、そうなのか。そうだったのか。戦争に負けたとき、日本軍は、そのまま受け容れたのかな」

「そのまま、受け容れました。もう、戦う力はなかったでしょう。中国大陸や南方で、さんざん負け戦をして、消耗していたのだと思いますよ。軍人も武器も、なにもかも無くなっていたんでしょう。敗戦のとき、七歳ですから、僕には、詳しいことは分かりません。後のち、いろいろと聞きましたけれども」

「天皇陛下は、どうされているの」

「天皇は、新憲法で、象徴の地位になっています」

「天皇？　と呼ぶの！」

「天皇のことを言うひとはいません。話題になりません。話題にはしにくいのかもしれません。天皇は、新憲法では、実権はありません。象徴、わが国を代表するのです。そしていくつかの国の行為をされます。国事行為です。国会の開会式で、お言葉を述べられる。総理大臣を始め、いくつかの認証をされます。それほど多くの国事行為はありません。デモで」

「デモってなんだね」

「ある集団が、プラカードという、板に、言いたいことを書いて掲げて、街なかを歩く。声をあげて、叫んで、訴えるんです。これは、許されているんです。その板に、……朕《ちん》は、たらふく食ってるぞ。汝臣民飢えて死ね……と書いて、街なかを叫んで練り歩いた。不敬罪に当たるとして、起訴された。すでに法律がないので、無罪になった。戦前しか知らない、こだまさんには、なんのことか理解できないでしょうね」

「ああ、もちろん。では、天皇は、現人神《あらひとがみ》ではないの」

「そうです。天皇自身で、これからは、現人神ではなく、人間だと宣言されました。学校の門をくぐると、かならず奉安殿がありましたよね。あれもありません。講堂には、観音開きの奥に、ご真影がありましたよね。あれもありません。撤去されました。戦前、講堂の掃除に入った上級生が、そっとあの観音開きを開けてみた。天皇の写真が一枚、飾られていた。みつかったら大変なことですが、みつからずに済んだと、戦後になって、そのひとから直接聞きました。今は、そんなものはありません。アメリカ占領軍の命令で、それらのものはすべて撤去です。

敗戦のとき、マッカーサー、アメリカ元帥、占領軍の最高責任者に、自分は戦争の責任があるとして、ご自身の身を委ねられたらしいです。マッカーサーは、その武士然とした天皇に、好感をもったと言われています。また、こんな辛辣なことも、言われました。マッカーサーは、ヘソである。チンの上にあるから。戦後の変化は、これらのことは、ごくごく一部に過ぎません。

こだまさんは、想像もつかないと思いますよ。戦前戦後を生きてきた僕ですが、頭がついて行かないほどの変化です。世の中が変わり、ひとが変わり、ひとのこころが変わり、学校も家庭も変わりました。僕の知らない世界、大人たちの社会も、職場も、手のひらを返すように、変化したのだろうと思います。そのマッカーサーは、去年、アメリカ大統領に辞めさせられました。隣の国、朝鮮半島は、北と南のふたつに分かれて、争っています。詳しく分かりませんが、もしかしたら、マッカーサーは、原爆・ピカドンを落として、北をやっつけようとしたのではないかと、言われています。それで大統領に、職を解任されました。

アメリカは、半島の南と手を組んでいます。北は、中国やソ連と手を組んでいます。板付飛《いたづけ》行場から、ジェット戦闘機が頻繁に、朝鮮半島に飛んでいきます。この上空が、ひとつのコースになっていて、爆音を轟かせて、頻繁に行き来しています。戦争が始まったのかもしれません。……ゼット戦闘機ですか。アメリカの戦闘機は、今はプロペラ飛行機ではありません。戦前、プロペラ機のＢ29が、日本の上空に飛来して、爆弾投下しました。あれとは全然違います。ゼット戦闘機は燃料を燃やして、その噴射力を利用して、飛ぶんです。音の伝わる早さよりも速く飛べます」

「そうですか。そんなことになっているんですか。聞いても聞いても、分からない。なんだか、ますます分からなくなる。日本が負けた。天皇陛下が、ショウチョウになられた。占領軍がいる。鬼畜米英、アメリカが日本を占領している。そして、親切だなど。想像もつかない」

「そうでしょう。話している僕でさえ、あまりの変化の激しさに、なにも分からないで、その変化のなかにいるだけ。そんな感じですから」

「日本が負けるとき、国内の戦争は、どんなだったのか、日本軍がどう戦ったか、まだどうしても納得できないところがある。もう少し話してくれ給え」

「国内戦で、どう戦ったか、ですか。難しいご質問ですね。僕は、敗戦の年が、まだ七歳ですから、きちっと、お話しできるだけの知識はないと思いますよ」

「いやいや、それよりも自分は、もっとない。その時は、終わっている身だ」

「国内戦らしいものは、ほとんどありません。僕は、博多にいて、二、三日間、日本軍とアメリカの爆撃機が、戦うのを見ました。夜、二、三日間だけですよ。国内では、珍しい戦闘ではないかと思います。国内ではなく、本土と言うべきです。国内戦ではなく、本土決戦と言われていました。

沖縄だけが、大変なその本土決戦を強いられたのです。僕には想像もつかない戦闘があったのです。市民を巻き込んで、たくさんの沖縄の人たちが犠牲になりました。壊滅的な状況だったと言われています。日本軍とアメリカ軍とは、沖縄では、地上戦だったのです。沖縄以外では、地上戦はありません。アメリカ軍が、沖縄のように、上陸してきたことはありません。

しかし、アメリカは、徹底的に、上空から、飛行機から、攻撃を加えてきました。投下される爆弾の質が違っていたと言います。日本の爆弾は、地面に当たってというか、地面にめり込んで、その衝撃で爆発します。アメリカの爆弾は、爆弾の先頭に電波を装備している。爆弾が地上に近づく前に、その先から電波を発信させる。その電波の跳ね返りが、爆弾を破裂させる。地上にめり込んで爆発する日本のものと、地上に到達する寸前に爆発する、アメリカのものとの破壊力の差は、歴然です。

それだけではありません。彼らは、焼夷弾を日本の都会に街に村に、無尽蔵に投下しました。焼夷弾ですか？　鉄の筒に、ガソリンとゴムノリが入れられている。これが落下してきて、爆発します。火の付いたゴムノリが、辺り一面にまき散らされます。木と紙とわらでできている日本家屋は、ひとたまりもありません。火は、好きなように燃え盛りました。日本中を焼き尽くしました」

「沖縄以外では、ほとんど国内戦はなかった、んだね」

「そうです。僕は、こださまんの質問に、そんなに答えられる知識はありません。僕が、雁の巣飛行場での地上対空中戦を見たことなどが、ほとんど例外ではないかと思いますよ」

「皇国日本。鬼畜米英、撃ちてし止まんだった。一億総玉砕だと、号令をかけられていた」

「今は、皇国日本なんて言いませんね。鬼畜米英とも言いませんね。一億総玉砕もしません。戦後すぐ、大人たちが言いました。日本は、負けてよかった。仮に勝っていても、その後の戦争で、今度は壊滅させられる。こんな小さな力もない国が、連合国を相手に、世界を相手に戦って、どうなることでもない。結論は、火を見るよりも明らかだ。戦争に突き進んだ連中が、歴史の判断ミスをしたんだな。国民は、みんな彼らの犠牲者だ、そう言っていました。戦争中は、そんなことは、だれも言いませんでした」

「そうか、非力なのに、米英に立ち向かったのだったか。自分たち兵隊も、日本人が、そんな人間だとは知らなかった。そんないい加減なことをしていたのか。戦争も勝てるものと信じていた。自分たちは、桜の花のように咲いて、桜が散るように、潔く、お国のために命を捧げる。そう言われていたし、そう信じていた。そうではなかったのか。戦争が終わって、ばけの皮が剝がれたというのか。

戦死した者たちは、肚の底から、戦争を受け容れていた者ばかりではない。当時は、肚の底では反対でも、反対なんて言えるわけではない。いやいや駆り出され戦場に行った者たちも、沢山いる。自分も、そのひとりだけど、残念だ。妻子のいる兵隊たちは、心中察するにあまりある。職業軍人たちや進んで戦争に走った連中は、自己責任もあるだろう、納得せざるを得ないにしても。いやいや駆り出された者たちは、戦死して国策の誤りだと言われても、納得できるはずもない。戦死した者たちは、浮かばれない。死人に口なし。死人は、無視されるってことか。海軍は、（敗者は消せだもんな）。陸軍も同じだ。ひとの命は、消耗品だ」

「こだまさん、あなたのいる世界では、そんな兵隊さんの霊は、側にいないんですか」

「いないな。居るかもしれない。しかし自分は、まだ、会ったことはない」

「会ったら言ってくださいよ。それこそ、ゆう霊になって、恨みを晴らしてくださいと」

「言うとも、必ず、言っとく。君の頼みなら、何でも聞く」

「そうですか。僕は、子供でしたけれど、生き残って、有り難いと思うことはありません」

「どうしてだね」

「ひとがひとを殺す。常識も理性もあるひとたちが、軍隊を組織し、あれほどの武器弾薬を、生身の人間に向けて、ぶっぱなす。大量のひとを殺す。軍隊には、神や仏を信じるひとが沢山いるはずです。それなのに、残虐にひとを殺す。僕は、耐えられません。敵も味方も、やることは同じ。なんで、こんな人間に生まれてきたか。三歳の時から、そう思って生きてきました。僕は、爆弾でも焼夷弾でも、原爆でも、なんでも受けて死んでいればよかったと。

　この松原に、いつもひとりで、遊びに来ています。僕は、日本嫌いです。日本人嫌いです。もっと言うなら、敵も味方もなく、人間嫌いです。こんな、残忍で、言い逃ればかりする生きものに、生まれたくはなかった。僕は、なにかの間違いで、地球に生まれてきたんでしょ。ひとか、世間に合わせて、十四年、生きて来ました。うんざりです。周りの奴らは、みんな戦争したり、殺戮したりするんだと思うと、辛いです。そして、自分も、そのひとりであると思うと、辛いです。

学校で、先生なんて呼ぶのが恥ずかしくなります。なにが先生か、ひと殺しの先生が。この先、どうすればいいのか。どう生きればいいのか。朝鮮半島が、キナ臭くなっている。いっそ、戦争に巻き込まれて、みんな無くなればいい。ひとがいなくなれば、ひと殺しはいなくなる。生き残って、言い逃ればかりする奴らもいなくなる。戦争は、自分は反対だった。だれがみても負ける戦争。アメリカを相手に戦争して、勝てるわけがない。いったいどれだけのひとが亡くなったんだ。戦争する前に言わんか、僕は、こころのなかで、いつも叫びます。許さん、許さんぞ。俺が許さん。人間のハラワタを見てやる。生きている限り、これだけをやる。今に見ておれ、調子のいい人間のハラワタを見届ける」

「そうか。そう思うのも、分かるなあ。君の話を聞いていて、自分は自分で、だれかに殺されたという思いが強くなる。あるいは、ムダ死にさせられたかと。死んでからでは、遅すぎたなあ。君は、その若さで、言っていることが、立派だ」

「有益な戦争なんてありえない。戦争で死ぬ。戦争は、敵味方なく、全体がムダです。僕は、ここで止まらない。戦争がムダなら、その戦争を止めない人間が、ムダです。戦争をし続ける人間が、ムダ。人間そのものが、ムダです。人間が人間を大量に、殺戮しあって、どこに人間の存在価値があるでしょうか。こんなムダな人間を造ったものがいたら、それもムダです。僕は、神仏を信じないんです。戦死されたこだまさんに向かっては、言いにくいですけれど、戦争に巻き込まれて亡くなったひとたちは、いっそう無念でしょう。どうやって慰めますか。どうやって自分を納得させせますか」

「お国のためと駆り出されて、一億総玉砕と言われて、傷ついたら、……敗者は、消せ……だ。これは、だれがどう説明してくれる。ひとつしかない命。地上に、一度しか現れない命。父や母がいて、兄弟姉妹がいて、友達がいて……。妻がいて、子供がいて……。だれが人間の命を、こんなに弄ぶことが許されるか。もし、生き返ったら、それなりの始末をつけたい。そいつらに向かって。生き返れないなら、君の言うとおり、ゆう霊になって、奴らに始末をつけさせてやる。恨み、呪い、憑《と》りつき、今度は、奴らに地獄行きの仕返しをするぞ」

「そうでしょう。僕は、この海辺に来て、いつも思います。亡くなったひとたちは、なにも言えないけれど、あの戦争の経緯と、それから戦争の結末を知ったら、どう思われるのかと。こだまさんが、今言われたことは、戦争で命を失ったひとたちの思いではないかと。

　生きている人間と、死んだ人間の違い。生者の身勝手さと、死者の無念さ。この溝を、だれがどうやって埋めますか。死者は追いかけ、生者は逃げる。生きてムダな人間と、そのムダな人間の犠牲になった者と。だれが、このことを納得させられる言葉を並べられるでしょうか。僕は、戦前戦後、戦争を見つめて生きて来ました。こだまさんの言われたことは、亡くなったひとの思いも、そのとおりではないでしょうか。

僕がひとり思い続けていたことと、こだまさんの思いが近いので、僕は、自分がひねくれているのではなかったと思っています。そして、こだまさんを尊敬しています」

「生き残った者、紙屑のように死んでいった者。この差は、なんだ。これが人間の本性の表れの結果かもしれないが、許されない。戦争に突っ込ませた者たちが、死んで詫びても許されない。自分は、とても許せない。戦争に突っ込ませて、自分は生き残った連中は、残忍だ。こんな死に方をさせられた。松君に分かるか。君に、分かるか。自分の無念さが、分かるか」

「分かりますと言っても、こだまさんの無念さと僕の無念さは、隔たりがあります。僕の母は、開戦の日……ひとはゆう霊よりも、お化けよりも怖い……と言いました。僕は、ひとがひとを殺す戦争の意味が分かって、変なところに、変なものに生まれたと思って生きて来ました。今も、その思いは変わらないで、生き続けています。この先も、この思いは変わりません。捨てません。

あのとき、僕は、一度、死んでいます。その意味で、遠く隔たっていても、こだまさんの系列にいる者かもしれません。僕は、戦争が終わっても、奥の奥、底の底では、解放感はありません。それどころか、年ごとに、腹が立ってきます。開戦のときは、まだ、小さかった。変なところに、変なものに生まれたと思っても、まだ、思考の幅がありませんでした。今は、こだまさんの無念さが、よく分かるつもりです」

「そうか、そう言ってくれると有り難い。君は、自分の唯一の友達だ」

「ひとを恨むな。ひとを許せと言います。こんな言葉は、使う場所があります。戦争を仕掛け、ひとつの命、一度しかない命を、奴らのために捨てさせられた者には、ひとを恨め、ひとを許すなではないでしょうか。ひとを恨むな、ひとを許せと言って、問題の本質から逃げている。建設的のようで、非建設的な言葉、考えではないかと思います。

むしろ、ひとを恨め、ひとを許すなにこそ、建設的な言葉の世界があるのではないでしょうか。犠牲を強いた者たちも、犠牲になった者たちと同じところにいて、痛恨の極みでなければならないと思います。戦後、七年、生き残った者たちに、もはや、そんなものは感じられません。そんな奴は、自ら責任をとる。取ってもらわなければ、困る。でなければ、人間へのイメージが壊れ、この先も、壊れ続けます。

僕は、生者に抵抗します。そう信じて、生きていきます。この考えは、生涯変えません。僕は、ひとのハラワタを見るために、生きています。他人のハラワタは、自分のハラワタでもあると意識しています。犠牲者の側にいるひと、あるいは戦争でひとを弄ばなかったひと、戦争とは無関係なひとには、僕の対応は違います。そのひとたちは、まだ、人間としての希望があります。そんなひとには、やさしくできます。そんなひととは、繋がっていけます。ひとにやさしくすることが、平和に繋がるのではないかと、僕は、敗戦のときに思いました。あのとき、今もそうですが、僕は、なにを目標に生きていけばいいのか、考えました。残酷、残忍な日本と日本人とは、同じ流れのなかにいたくはなかった。平和だ、民主主義だ、自由だ、男女同権だ。中身があるのか。戦前、変なことばかり言って、国も歴史もひとも壊した、戦前と戦後が、芯から変わるなんて、僕には思われないですよ」

「君の言っていることは、自分も分かる。自分も重なっているところがある。苦労しているね。まだ、十四歳の少年なのに」

（戦争末期には、こだまさんの想像もつかないことが起こりました。それは、ピカドンのことです）と、言いかけてやめた。原爆のことをこだまさんに話すのは、まずいと思った。爆弾と焼夷弾のことを話すのはいいとしても、あの悲惨な原爆の話をしてはいけないと思った。あまりにも衝撃的な爆弾の話はできない。ひとりでいるこだまさんの気持ちを混乱させる。

「苦労で済めばいいです。みんな苦労していますから。戦争で亡くなったひとたちには、生きていて、苦労していますとは言えないです」

「君から、たくさん聞かされた。君と別れると、なにも考えない。考えられなくなる」

「そちらに、仲間とかいないんですか」

「いない。いるかもしれない。しかし、だれにも会わない」

「そこは、極楽とか、天国とか、そんなところですか」

「そんなことは、分からない」

「僕と話していないときは、どうしているんですか」

「どうしている。それも分からない。君が来て、話してくれるとき、自分は、話ができる。それだけだなあ。そうそう、こんなことはあるよ。なにか音が聞こえる、音なのか、音楽なのか、分からない。かすかに……。果てしない深く遠いところから、聞こえるような感じかなあ。とても澄んでいる。ぎりぎりに高い音だったり、低くて聴き取れないような音だったりする。光？　それはない。いや、あるかもしれない。キラキラする光には、会っていない。真っ暗闇ではない。ほの暗いようなところ。とても安らぐところ。たまに、音が聞こえてくると、匂いを感じる。若草の香りだったり、菜の花畑の香りだったりする。どちらにしても、言葉で表せない感じだなあ。音も、匂いも、光も。ほの暗いなかで、若草の匂いがするときは、若草の色があるような感じがする。菜の花畑の匂いがするときは、ほの暗いだけではなく、そこに微かな黄色が見えるような気もする。しかし、いずれにしても、説明できるほどのことではない。

そのようなことを感じているとき、自分は、戦死した無念さはない。ただ、ぼんやりと、緩やかに、こころ緩やかにしている。君が来るときは、辺りが澄んでいて、爽やかな匂いがする。そうすると、君と、熱心に話す自分がいる。不思議なことだ。君と、よほど相性がいいのかもしれない」

「そうですか。そう思いますか。僕も、ご存じのように、こだまさんと相性がいいですよ。僕は、こだまさんと話したことなど、これまで一言も、だれにも話していません。これからも、そうです。ひとのハラワタを見るなんて言ったら、僕の周りには、だれも近づかなくなります。無二の親友にも、話していません。僕は、こころのなかのつぶやきを、こだまさんに全部話したのです。僕は、ひともひとの言葉も信用できないのです。ものごころついて以来、ひとはウソしか言わない。ひとの言葉は、汚い。そんな世の中に生まれたからです。両親や兄弟たちに、そう思ったのではないのです。友人たちにそう思ったのではないのです。戦争を創りだした社会、戦前戦後の社会を見ていて、そのなかで生きていて、そう思ったのです。ごく限られたひと以外、僕は、ほとんどしゃべりません。学校でもそうです。うちでもそうです。だから大人しいと思われています。大人しいかもしれません。

しかし、実際は、大人しいではなく、失語症のようなところがあるのです。特定のひと以外に、こころを開けない。ひとの言葉は、ウソが多く、醜い。そのなかに入れない。これは僕自身に対しても、そう思うからです。僕の言葉も、ずれていることが多い。思ったまま、感じたままを、とても素直には話せない。ふくらましたり、しぼめたり、ずれてしゃべることは、いつもです。ひとの言葉にウソが多いは、他人だけでなく、自分もそうです。それでしゃべるのに、自信がもてない。言葉に責任がもてない。このために、失語症のようなことになるのです。大人しいと思われるのです。そうではないようです。

あるとき、ある状態で、僕は、烈火のごとく怒ります。小学生のとき、二、三度、そんな経験があります。仲間が、とてもおおへいな態度をとる。この男の態度は、弱い立場のひとを戦争に駆り立て、戦場に送り、ひとを弾除けにした連中と同じ態度だ。それに繋がると、感じたときです。僕は、大人しく、あまりしゃべりもしない。まして、喧嘩するなんて想像もできない。その僕が、（まて、この野郎、俺が相手になる）、と立ち上がる。体も大きくはない。いつもとあまりにも違うその落差に、相手も、周囲もびっくりします。相手が、クラスのボス的存在でも、ひとりで向かっていきます。弱い者がいじめられているとき、殴られているとき、僕は、ひとが変わってしまいます。

よく、こう思うことがあります。もし、戦争が続いていて、僕が兵隊に取られ、戦場の弾除けにされたら、僕は、命令した者に鉄砲を向けます。どこの国のだれであっても、戦争の名で、ひとを殺すことはできない。そのひとを殺せと命令するなら、お前を殺す……です。特攻隊員になって、僕は、味方の命令機関に対し、突っ込みます。これは、確固たる信念です。

ともかく、戦争は、終わりました。戦死されたこだまさんの無念さは、僕は、とても理解できます。僕は、自分を特殊な人間とは思いません。戦争のときも間違い、戦争が終わっても間違っている人間に、僕はなれない。そして、自分は、ごく普通の人間だと思っています。そう思わないでいる者たちこそ、変わった人間だと、僕は思っています」

「若いときは、感受性が強い」

「それで、この松原や海辺に、暇があれば来ているのです。夏も冬も春も秋も。こころが落ち着きます。波の音。砂浜に寄せては返す波の音。海鳴りとか潮騒とか。風の音。松林を吹き抜ける風。潮の匂い。磯に打ち上げられた藻の匂い。そして、夕陽の変化です。夕陽が始まると、長い時間かけて、刻一刻と変化する色彩のショーに見とれてしまいます。

夏の太陽は、特にそうです。そこに雲があると、雲はギラギラの黄金色に染まります。それから黄金の色は、こんなにあるものかと、刻一刻とその色を変化させていきます。黄金の輝きは紫色をおび、それもまた、無限に変化しながら、まるで夏の一日を慈しむように傾いていきます。こだまさんが最後に見た、南洋の日没と同じです。天体ショーです。僕は、砂浜にすわって、飽くことなく見ています。空も海も、そのときどきの色に染まりながら、夕陽は、筑紫富士の上をゆっくりと超え、向こうへ落ちていきます。しばらくして、星空の天体ショーとなるのです。波打ち際には、夜光虫が光り始めます。僕は、この松林や砂浜に、いつも来るのは、単に人間嫌いとか厭世観だけではありません。それ以上に、自然が語り掛けてくるものに、惹かれるからです。

ここで感じる、音、色、匂いが、僕を慰めてくれるからです。こだまさんが、音や色や匂いに敏感なように、僕も、それに近い人間のように思います。こだまさんが、沈没する船の側で感じられたこと、子守唄や菜の花の色や匂いや若草の匂いなどと、僕の感性はとても近いように思われます。ここでの夕陽。その経験。こだまさんが話された、沈没する艦船の向こうにあった、南洋での赤い夕陽は、僕にも、少しは分かる気がします」

「そうですか。たしかに」

大声で話す、ひとたちが来る。

「こだまさん、向こうから友人たちがやってきます。僕を見つけて、手招きしています。また、お訪ねします」

「そうかね。ありがとう。また、来てくれ給え」

妙見岬

しばらく、こだまさんのところに行くのを控えた。この前は、意気投合して、あまりにも自分の本心をさらけ出したように思われた。

松原に行く途中に、少しばかりの田んぼがある。秋が深まった。黄金の稲穂がたわわに実り、まもなく稲刈りかと思われた。左に曲がれば松原、右に曲がれば、妙見岬だ。

僕は、妙見岬に行くことにした。分かれ道から、三分で、岬の先まで行ってしまう距離だ。博多湾と今津湾を分ける、小さな岬である。岬は、崖がそのまま海に落ち込んでいて、岬の周りを巡る道はない。東の小山に小さな小戸《おど》神社があるだけで、夜はもちろん、昼も、そこまで遊びにくる者はほとんどいない。泳ぐにしても、遊ぶにしても、ひとを寄せつけない寂しい土地柄である。周囲百メートルか二百メートル、高さ、三十メートルの丘なのか山なのかが、ふたつ並んでいる。そのふたつは、海に厳しく突き出ている。山の高さは、二、三分も登れば、頂上に着く。松が、ぱらぱらと生えている。あとは、笹やかん木の茂みだ。小戸神社も、お参りにくるひとがいるのか。年間、ほとんど会うこともない。親子狸がいたりする。坂道から、古墳が発見されたこともある。山も松の木も、海に向かって傾いている。この付近は、地盤沈

鳥影社出版案内

2017

イラスト／奥村かよこ

choeisha

文藝・学術出版　（株）鳥影社

〒160-0023 東京都新宿区西新宿 3-5-12 トーカン新宿 7F

TEL 03-5948-6470　FAX 03-5948-6471（東京営業所）

〒392-0012 長野県諏訪市四賀 229-1（本社・編集室）

TEL 0266-53-2903　FAX 0266-58-6771 郵便振替 00190-6-88230

www.choeisha.com　　e-mail: order@choeisha.com

＊新刊・話題作

地蔵千年、花百年

柴田 翔（読売新聞・サンデー毎日他紹介）

芥川賞受賞『されど われらが日々─』から約半世紀。約30年ぶりの新作長編小説。戦後からの時空と永遠を描く。　1800円

老兵は死なず　マッカーサーの生涯

ジェフリー・ペレット／林 義勝他訳

かつて日本に君臨した唯一のアメリカ人、生まれから大統領選挑戦にいたる知られざる全貌の決定版・1200頁。　5800円

中上健次論（全三巻）

河中郁男（第一巻 死者の声から、声なき死者へ）（第二巻 父の名の否（ノン）、あるいは資本の到来）（第三巻 幻想の村から）

戦死者の声が支配する戦後民主主義を描く大江健三郎に対し声なき死者と格闘し自己の世界を確立していった初期作品を読む。　各3200円

スマホ汚染　新型複合汚染の真実

古庄弘枝

放射線（スマホの電波）、神経を狂わすネオニコチノイド系農薬、遺伝子組み換え食品等から身を守るために。　1600円

東西を繋ぐ白い道

森 和朗（元NHKチーフプロデューサー）

原始仏教からトランプ・カオスまで。宗教も政治も一筋の道に流れ込む壮大な歴史のドラマ。世界が直面する二河白道。　2200円

低線量放射線の脅威

J・グールド、B・ゴールドマン／今井清一・今井良一訳

低線量放射線と心疾患、ガン、感染症による死亡率がどのようにかかわるのかを膨大なデータをもとに明らかにする。　1900円

シングルトン

エリック・クライネンバーグ／白川貴子訳

一人で暮らす「シングルトン」が世界中で急上昇。このセンセーショナルな現実を検証する欧米有力誌で絶賛された衝撃の書。　1800円

歌のこころ　歌があなたに伝えたいこと

清水富美子

童謡から「君が代」に至る60曲の背景を綴る音楽随想集。よく知っている曲が秘めた意外な背景に歌のこころが紡がれる。　1700円

改訂版 **文明のサスティナビリティ**　野田正治

枯渇する化石燃料に頼らず、社会を動かすエネルギーを生み出すことの出来る社会を考える。　1800円

自然と共同体に開かれた学び　荻原 彰
─もうひとつの教育・もうひとつの社会─

高度成長期と比べ大きく変容した社会、自我。自然と共同体の繋りを取り戻す教育が重要と説く。　1800円

インディアンにならなイカ!?　太田幸昌

先住民の島に住みついて、倒壊寸前のホステルで孤軍奮闘。自然と人間の仰天エピソード。　1300円

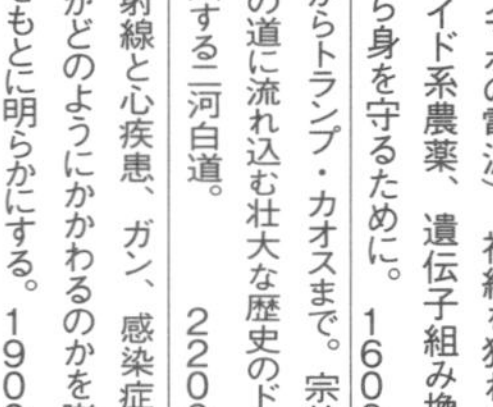

「ミニマイフレンド」
ローバーミニ物語　河村アキラ　1890円より

純文学宣言
季刊文科25〜72　（61より各1500円）

〈編集委員〉青木健、伊藤氏貴、勝又浩、佐藤洋二郎
富岡幸一郎、中沢けい、松本徹、津村節子

【文学の本質を次世代に伝え、かつ純文学の孤塁を守りつつ、文学の復権を目指す文芸誌】

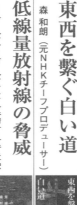

＊翻訳その他

アルザスワイン街道
—お気に入りの蔵をめぐる旅—

森本育子（2刷）

アルザスを知らないなんて！　フランスの魅力はなんといっても豊かな地方のバリエーションにつきる。　1800円

ヨーロピアンアンティーク大百科

英国・リージェント美術アカデミー 編／白須賀元樹 訳

英国オークションハウスの老舗サザビーズのエキスパートたちがアンティークのノウハウをすべて公開。　5715円

環境教育論
—現代社会と生活環境—

今井清一／今井良一

環境教育は消費者教育。日本の食品添加物1894種に対し英国は14種。原発輸出も事故負担は日本持ち。　2200円

心のエコロジー
交流分析・ストローク　エコノミー法則の打破

クロード・スタイナー（物語）／小林雅美 著／奥村かよこ 絵

世界中で人気の心理童話に、心理カウンセラーが解説を加え、今の社会に欠けている豊かな人間関係のあり方を伝授。　1200円

中世ラテン語動物叙事詩 イセングリムス
—狼と狐の物語—

丑田弘忍 訳

封建制とキリスト教との桎梏のもとで中世ヨーロッパ人を活写、聖職者をはじめ支配階級を鋭く諷刺。本邦初訳。　2800円

ディドロ 自然と藝術

冨田和男

ディドロの思想を自然哲学的分野と美学的分野に分けて考察を進め、二つの分野の複合性を明らかにしてその融合をめざす。　3800円

完訳マザーグース

W・S・ベアリングールド（解説・注）／石川澄子 訳

歴史的、書誌学的な知識の宝庫。現存する最古から始まる全コレクション。詳細な注釈と貴重で楽しいイラスト満載の決定版。　4700円

フランス・イタリア紀行

トバイアス・スモレット／根岸 彰 訳

十八世紀欧州社会と当時のグランドツアーの実態を描き、米国旅行誌が史上最良の旅行書の一冊に選定。発刊から250年、待望の完訳。　2800円

ヨーゼフ・ロート小説集

平田達治
佐藤康彦 訳

第一巻　優等生、バルバラ、立身出世
第二巻　ヨブ・ある平凡な男のロマン　他
第三巻　タラバス・この世の客
第四巻　殺人者の告白、偽りの分銅・計量検査官の物語、美の勝利
　　　　皇帝廟、千二夜物語、レヴィアタン（珊瑚商人譚）
別　巻　ラデツキー行進曲（2600円）
四六判・上製／平均480頁　3700円

ローベルト・ヴァルザー作品集

カフカ、ベンヤミン、ムージルから現代作家にいたるまで大きな影響をあたえる。

新本史斉／若林恵／F・ヒンターエーダー＝エムデ 訳

1　タンナー兄弟姉妹
2　助手
3　長編小説と散文集
4　散文小品集Ⅰ
5　盗賊／散文小品集Ⅱ

四六判、上製／各巻2600円

＊歴史

千少庵茶室大図解
長尾 晃（美術研究・建築家）

利休・織部・遠州好みの真相とは？ 国宝茶室「待庵」は、本当に千利休作なのか？ 不遇の天才茶人の実像に迫る。 2200円

飛鳥の暗号
野田正治（建築家）

三輪山などの神山・宮殿・仏教寺院・古墳をむすぶ軸線の物理的事実により明らかになる飛鳥時代の実像。 1800円

桃山の美濃古陶 古田織部の美
西村克也／久野 治

古田織部の指導で誕生した美濃古陶の未発表の伝世作品の逸品約90点をカラーで紹介。桃山茶陶歴史年表、茶人列伝も収録。 3600円

剣客斎藤弥九郎伝
木村紀八郎（二刷）

幕末激動の世を最後の剣客が奔る。その知られざる生涯を描く、はじめての本格評伝！ 1900円

和歌と王朝 勅撰集のドラマを追う
松林尚志（全国各紙書評で紹介）

「新古今和歌集」「風雅和歌集」など、南北朝前後に成立した勅撰集の背後に隠された波瀾の歴史を読む。 1800円

秀吉の忠臣 田中吉政とその時代
田中建彦・充恵

優れた行政官として秀吉を支え続けた田中吉政の生涯を掘りおこす。カバー肖像は著者の田中家に伝わる。 1600円

小西行長伝
木村紀八郎

文禄・慶長の役、明と秀吉を欺き、朝鮮に平和を求め苦闘した生涯を描く。 2400円

加治時次郎の生涯とその時代
大牟田太朗

明治大正期、セーフティーネットのない時代に、窮民済生に命をかけた医師の本格的人物伝！ 2800円

浦賀与力中島三郎助伝 木村紀八郎
幕末という岐路に先見と至誠をもって生き抜いた最後の武士の初の本格評伝。 2200円

軍艦奉行木村摂津守伝 木村紀八郎
若くして名利を求めず隠居、福沢諭吉が終生敬愛したというサムライの生涯。 2200円

南の悪魔フェリッペ二世 伊東 章
スペインの世紀といわれる百年が世界のすべてを変えた。 黄金世紀の虚実1 1900円

不滅の帝王カルロス五世 伊東 章
世界のグローバル化に警鐘。平和を望んだ偉大な帝王が続けた戦争。 黄金世紀の虚実2 1900円

フランク人の事蹟 第一回十字軍年代記
丑田弘忍訳 第一次十字軍に実際に参加した三人の年代記作家による異なる視点の記録。 2800円

大村益次郎伝 木村紀八郎
長州征討、戊辰戦争で長州軍を率いて幕府軍を撃破した天才軍略家の生涯を描く。 2200円

新版 日蓮の思想と生涯 須田晴夫
日蓮が生きた時代状況と、思想の展開を総合的に考察。日蓮仏法の案内書！ 3500円

古事記新解釈 南九州方言で読み解く神代
飯野武夫／飯野布志夫 編 『古事記』上巻は南九州の方言で読み解ける。 4800円

＊小説・文芸評論・精神世界

夏目漱石 『猫』から『明暗』まで
平岡敏夫

漱石文学は時代とのたたかいの所産であるゆえに、作品には微かな〈哀傷〉が漂う。新たな漱石を描き出す論集。 2800円

赤彦とアララギ ―中原静子と太田喜志子をめぐって
福田はるか（読売新聞書評）

悩み苦しみながら伴走した妻不二子、畏敬と思慕で生き通した中原静子、門に入らず自力で成長した太田喜志子。 2800円

ドストエフスキーの作家像
木下豊房（東京新聞で紹介）

二葉亭四迷から小林秀雄・椎名麟三、武田泰淳、埴谷雄高などにいたる正統的な受容を跡づけ、この古典作家の文学の本質に迫る。 3800円

ピエールとリュス
ロマン・ロラン／三木原浩史 訳

1918年パリ。ドイツ軍の空爆の下でめぐりあった二人。ロラン作品のなかでも、今なお、愛され続ける名作の新訳と解説。 1600円

山羊の角
クリストフ・メッケル／相田かずき 訳

「詩人であるメッケルは少年の直感によってつかんだ世界の実相を本作によりメルヘンの形で表現した」小松英樹氏 1800円

ダークサイド・オブ・ザ・ムーン
マルティン・ズーター／相田かずき 訳

世界を熱狂させたピンク・フロイドの魂がここに甦る。ドイツ人気No.1俳優M・ブライプトロイ主演映画原作小説。 1600円

釈尊の悟り ―自己と世界の真実のすがた
吉野 博

最古の仏教聖典「スッタニパータ」の詩句、悟りを開いた日本・中国の禅師、インドの聖者の言葉を中心にすべての真相を明らかにする。 1500円

銀河のさざ波
三ツ野 豊

近未来に訪れる地球崩壊と、そこからの脱出に向けた新たな《ノアの箱船》ともいえるSF超大作。 2500円

「へうげもの」で話題の “古田織部三部作”
久野 治（NHK、BS11など歴史番組に出演）

新訂 古田織部の世界 2800円
千利休から古田織部へ 2200円
改訂 古田織部とその周辺 2800円

ドイツ詩を読む愉しみ 森泉朋子編訳
ゲーテからブレヒトまで 時代を経てなお輝き続ける珠玉の五〇編とエッセイ。 1600円

ドイツ文化を担った女性たち その活躍の軌跡 ゲルマニスティネンの会編（光末紀子、奈倉洋子、宮本絢子） 2800円

芸術に関する幻想 W・H・ヴァッケンローダー
毛利真実 訳 デューラーに対する敬虔、ラファエロ、ミケランジェロ、そして音楽。 1500円

＊ドイツ語圏関係他

ニーベルンゲンの歌
岡崎忠弘 訳

『ファウスト』とともにドイツ文学の双璧をなす英雄叙事詩を綿密な翻訳により待望の完全新訳。詳細な訳註と解説付。 5800円

ペーター・フーヘルの世界
―その人生と作品

斉藤寿雄

旧東ドイツの代表的詩人の困難に満ちたその生涯を紹介し、作品解釈をつけ、主要な詩の翻訳をまとめた画期的書。 2800円

エロスの系譜―古代の神話から魔女信仰まで
A・ライプブラント＝ヴェトライ W・ライプブラント

鎌田道生 孟真理 訳

男と女、この二つの性の出会いと戦いの歴史。西洋の文化と精神における愛を多岐に亘る文献を駆使し文化史的に語る。 6500円

生きられた言葉
―ラインホルト・シュナイダーの生涯と作品―

下村喜八

シュヴァイツァーと共に20世紀の良心と称えられた、その生涯と思想をはじめて本格的に紹介する。 2500円

ヘルダーのビルドゥング思想
濱田 真

ドイツ語のビルドゥングは「教養」「教育」という訳語を超えた奥行きを持つ。これを手がかりに思想の核心に迫る。 3600円

ゲーテ『悲劇ファウスト』を読みなおす
新妻 篤

ゲーテが約六〇年をかけて完成。すべて原文に即して内部から理解しようと研究してきた著者が明かすファウスト論。 2800円

黄金の星（ツァラトゥストラ）はこう語った
ニーチェ／小山修一 訳

邦訳から百年、分かりやすい日本語で真にニーチェをつたえ、その詩魂が味わえる新訳。 上下各1800円

『ドイツ伝説集』のコスモロジー
植 朗子

ドイツ民俗学の基底であり民間伝承蒐集の先がけとなったグリム兄弟『ドイツ伝説集』の内面的実像を明らかにする。 1800円

ハンブルク演劇論 G・E・レッシング
アリストテレス以降の欧州演劇の本質を探る代表作。 南大路振一 訳 6800円

ギュンター・グラスの世界 依岡隆児
つねに実験的方法に挑み、政治と社会から関心を失わなかったノーベル賞作家を正面から論ずる。 2800円

グリムにおける魔女とユダヤ人 ―メルヒェン・伝説・神話―

奈倉洋子
グリムのメルヒェン集と伝説集を中心にその変化の実態と意味を探る。1500円

フリードリヒ・シラー美学＝倫理学用語辞典 序説
ヴェルンリ／馬上徳 訳 難解なシラーの基本的用語を網羅し体系化をはかり明快な解釈をほどこし全思想を概観。 2400円

新ロビンソン物語 カンペ／田尻三千夫 訳
18世紀後半、教育の世紀に生まれた「ロビンソン・クルーソー」を上回るベストセラー。 2400円

東方ユダヤ人の歴史 ハウマン／平田達治 荒島浩雅 訳
その実態と成立の歴史的背景をこれほど見事に解き明かしている本はこれまでになかった。 2600円

ポーランド旅行 デーブリーン／岸本雅之 訳
長年にわたる他国の支配を脱し、独立国家の夢を果たしたポーランドのありのままの姿を探る。 2400円

東ドイツ文学小史 W・エメリヒ／津村正樹 監訳
神話化から歴史へ。一つの国家の終焉はその文学の終りを意味しない。 6900円

＊映画・戯曲他

モリエール傑作戯曲選集１
柴田耕太郎訳
（女房学校、スカパンの悪だくみ、守銭奴、タルチュフ）

画期的新訳の完成。「読み物か台詞か。その一方だけでは駄目。文語の気品と口語の平易さのベストマッチ」岡田壮平氏　２８００円

イタリア映画史入門　１９５０〜２００３
Ｊ・Ｐ・ブルネッタ／川本英明訳（読売新聞書評）

映画の誕生からヴィスコンティ、フェリーニ等の巨匠、それ以降の動向まで世界映画史をふまえた決定版。　５８００円

フェデリコ・フェリーニ
川本英明

イタリア文学者がフェリーニの生い立ち、青春時代、監督デビューまでの足跡、各作品の思想的背景など、巨匠のすべてを追う。　１８００円

ある投票立会人の一日
イタロ・カルヴィーノ／柘植由紀美訳

奇想天外な物語を魔法のごとく生み出した作家の、二十世紀イタリア戦後社会を背景にした知られざる先駆的小説。　１８００円

魂の詩人　パゾリーニ
ニコ・ナルディーニ／川本英明訳（朝日新聞書評）

常にセンセーショナルとゴシップを巻きおこした異端の天才の生涯と、詩人としての素顔に迫る決定版！　１９００円

昭和戦時期の日本映画
杉林　隆

「映画法」下に製作された昭和戦時期の日本映画の「国策映画」度・「戦意高揚映画」度を検証！　１８００円

つげ義春を読め
清水　正

つげマンガ完全読本！　五〇編の謎をコマごとに解き明かす鮮烈批評。読売新聞書評で紹介。　４７００円

雪が降るまえに
Ａ・タルコフスキー／坂庭淳史訳（二刷出来）

詩人アルセニーの言葉の延長線上に拡がっていた世界こそ、息子アンドレイの映像作品の原風景そのものだった。　１９００円

宮崎駿の時代　１９４１〜２００８　久美　薫
宮崎アニメの物語構造と主題分析、マンガ史からアニメ技術史まで宮崎駿論一千枚。　１６００円

ヴィスコンティ　若菜　薫
「郵便配達は二度ベルを鳴らす」から「イノセント」まで巨匠の映像美学に迫る。　２２００円

ヴィスコンティⅡ　若菜　薫
高貴なる錯乱のイマージュ。「ベリッシマ」「白夜」「前金」「熊座の淡き星影」　２２００円

アンゲロプロスの瞳　若菜　薫
『旅芸人の記録』の巨匠への壮麗なるオマージュ。（二刷出来）　２８００円

ジャン・ルノワールの誘惑　若菜　薫
多彩多様な映像表現とその官能的で豊饒な映像世界を踏破する。　２２００円

聖タルコフスキー　若菜　薫
「映像の詩人」アンドレイ・タルコフスキー。その全容に迫る。　２０００円

銀座並木座　日本映画とともに歩んだ四十五歩
嵩元友子　ようこそ並木座へ、ちいさな映画館をめぐるとっておきの物語　１８００円

フィルムノワールの時代　新井達夫
人の心の闇を描いた娯楽映画の数々暗い情熱に衝き動かされる人間のドラマ。　２２００円

＊実用・ビジネス

AutoCAD LT 2018 標準教科書（フルカラー） 中森隆道

25年以上にわたるAuto CADの企業講習と職業訓練校での教育実績に基づくAuto CAD LT解説の決定版。予価 3400円

AutoLISP with Dialog（AutoCAD2013 対応版） 中森隆道

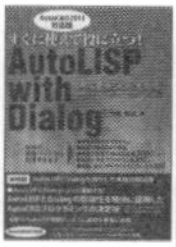

即効性を明快に証明したAutoCADプログラミングの決定版。本格的解説書。 3400円

開運虎の巻 街頭易者の独り言 天童春樹（人相学などテレビ出演多数・増刷出来）

三十余年のべ六万人の鑑定実績。問答無用！黙って座ればあなたの身内の運命と開運法をお話しします。 1500円

腹話術入門 花丘奈果（4刷）

大好評！ 発声方法、台本づくり、手軽な人形作りまで、一人で楽しく習得出来る。台本も満載。 1800円

南京玉すだれ入門 花丘奈果（2刷）

いつでも、どこでも、誰にでも、見て楽しく演じて楽しい元祖・大道芸。伝統芸の良さと現代的アレンジが可能。 1600円

新訂版 **交流分析エゴグラムの読み方と行動処方** 植木清直／佐藤寛 編

精神分析の口語版として現在多くの企業の研修に使われている交流分析の読み方をやさしく解説。 1500円

現代アラビア語日本辞典 田中博一／スバイハット レイス 監修

見出し語はアルファベット順に配列し、約1万語収録。例文・熟語も多数、アラビア語新聞・雑誌などを理解するのに十分な語彙数。 10000円

現代日本語アラビア語辞典 田中博一／スバイハット レイス 監修

見出し語約1万語、例文1万2千以上収録。日本人のみならず、アラビア人の使用にも配慮し、初級者から上級者まで対応のB5判。 8000円

リーダーの人間行動学 佐藤直暁

人間分析の方法を身につけ、相手の性格を素早く的確につかむ訓練法を紹介。 1500円

成果主義人事制度をつくる 松本順一

30日でつくれる人事制度だから、業績向上が実現できる。（第10刷出来） 1600円

管理職のための **『心理的ゲーム』入門** 佐藤 寛

こじれる対人関係を防ぐ職場づくりの達人となるために。 1500円

ロバスト 渡部慶二

ロバストとは障害にぶつかって壊れない、変動に強い社会へ七つのポイント。 1500円

A型とB型—二つの世界 前川輝光

「A型の宗教」仏教と「B型の宗教」キリスト教を比較するなど刺激的1冊。 1500円

決定版 **真・報連相読本** 糸藤正士

五段階のレベル表による新次元のビジネス展開情報によるマネジメント。（3刷） 1500円

楽しく子育て44の急所 川上由美

これだけは伝えておきたいこと、感じたこと、考えたこと。基本的なコツ！ 1200円

初心者のための蒸気タービン 山岡勝己

原理から応用、保守点検、今後へのヒントなどベテランにも役立つ。技術者必携。 2800円

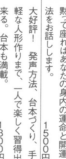

下しているらしい。（海岸線では、地震の影響で、地盤沈下と隆起をくり返している。ここから十キロ離れたところに、玄海島がある。約五十年後、ここで大きな地震が発生した。福岡県西方沖地震である。その後、地盤が隆起して、妙見岬の小山も松の木も、立ち姿が変わったものかどうか。）

岬から海を隔てて、能古島が見える。海上、二、三キロ程度なのだが、潮流が速い。一度、だれかが泳いで渡ったらしい。マネするな、危険だと厳しく言われていた。満ち潮のとき、玄界灘から、博多湾と今津湾のふたごの湾に、潮が流れ入り込み、その引き潮は、ふたつの湾を足早に巡って、もと来た道を戻っていく。

この岬の左山の波かぶりの岩棚に、「お膳立て」がある。岩棚に、ご飯や吸い物のお茶碗が、いくつか刻み込まれている。だれが、なんのために、そんなところに刻んだのか。ひとを寄せ付けない岩棚に、だれが「お膳立て」を刻み込んだのか、土地のひとだれひとり知らない。この戦争の武運長久を祈願して、その岩棚に刻み込まれたか。信者の祈りのためのものか、それも推測しにくい。この付近に、隠れキリシタンがいたものか。修道院らしい無人の建造物が、小山のひとの近づけないところに、あるにはあった。キリシタンが、お膳立てを刻み込むのか。（この疑問は、ここを離れて、五十年後に、その謎が解けた）。お膳立ては、一日の半分は海面下にある。絶えず波で洗われているので、それが刻まれた時代がいつなのか、時間の流れを読み難くしていた。

もうひとりの兵隊さんの話

敗戦の二年後、昭和二十二年の夏、僕は、三人の友達とここで、大陸から引揚げてきた兵隊さんに出会った。正確には、生の松原で出会った。ひげ顔の若い元兵隊さんは、

「君たち、お腹すいていないか」

「すいています。いつも、すいています」

「そうか。そうだよな。ここで、自分は、これから焼きイモをやる。食うか」

「食べますよ」

「そうか、それでは、薪を集めてくれ。松葉もたくさん、集めてくれ」

松葉以外に、田んぼの片隅から、わらを拾ってきた。

「これは、上等だ。話が分かるな。今日、自分は、ここで野宿する。君たちは、よく、日焼けしているな」

「ひと夏に、二度、皮がむけます」

僕が言った。

「二度もかね。すごいな。元気だな」

「ここで野宿するんですか。ここは、やぶ蚊がとても多いんですよ」

有田君が言った。

「なんで」

「近くに、お墓があるでしょう。花をあげる花筒がありますよね。あのなかでやぶ蚊が、発生するらしいんですよ」

「そうか、それはいいことを聞いた。やぶ蚊の襲撃を受けたら、たまらない」

僕は、妙見岬を指さした。

「あそこなら、大丈夫ですよ。ただ、すこし不気味な感じがしますよ」

「そんなものは、なんでもない。ゆう霊でも出るかね。ゆう霊は怖くない。やぶ蚊よりも、よほどましだ。友達みたいなものだよ」

「ゆう霊が、友達ですか」

「友達だな」

そう言って、そのひとは、大声で笑った。

「自分が、ゆう霊だったんだもん。ワッハッハッ……」

「ゆう霊ですか。そんな……。足もあるのに。一度死んで、生き返ったのですか」

「ワッハッハッ……。そのことは、あまり話したくはないがね。自分は、夏の間だけ、寒くないときだけ、野宿しながら、海岸線を歩いている。四月になって、鹿児島をスタートした。桜島を見ながら、野宿の旅は始まった。日豊《にっぽう》線沿いの海辺の町を、加治木《かじき》、帖佐《ちょうさ》と鹿児島市に向かって歩いた。桜島は、綺麗だった。それから、薩摩半島を下って、枕崎まで行って、そこからまた、熊本、長崎、佐賀、ここは福岡だ。そうして北上して来た。漁師町、農村と歩き繋ぐ。お金はない。行った先で、日雇いの仕事を探す。相手も、お金はない。しかし、食べ物はある。日当は、その日の食べ物だ。余分に、コメやイモをくれるので、それが財産だ。うまくいけば、泊めてくれる。農家の納屋だったり、漁村の格納庫だったり、お寺だったり。うまくいかないときは、野宿だ。村はずれの祠のこともある。なんとかなる。男は、戦争で死んだ。男手が足りないので、雇ってくれる。長い時は、一週間、十日のこともある。田植えの時期、稲刈りのときなんかね。相手も重宝しているようだ。この夏は、北九州まで行くつもりだ。あそこは、町工場で働き口があると思う。秋から、冬にかけて、町工場で働かせてもらうつもりだ」

焚火のなかから、いい匂いがたちのぼった。

「さ、焼けたぞ。喰おうじゃないか」

「ご馳走になります」

「頂きます」

「さっきのゆう霊の話な。話していいかどうかな。君たちは、子供だしな。しかし、戦争の悲惨さは、知っているよな。そしたら、聞いておいても、今後の人生に、役立つことがあるかもしれん」

熱いイモを食べながら、話が、始まった。

「自分は、満州で敗戦を迎えた。そして、翌年の二十一年の春、復員した。前もって、手紙を出しておいた。駅には、叔父がひとり迎えに来ていた。ひとりか、寂しい迎えだなと思ったよ。駅から、長い道をうちまでふたりして歩いた」


「みんな元気ですか」

「ああ」

叔父の返事は、力がなかった。

変だとは思った。復員を喜んでいる感じが伝わってこない。

長い沈黙のあと、叔父が、言った。

「なんとも、申し訳ないが、自分たちは、お前が戦死したと国から、連絡を受けていた。そして、遺骨を貰って来た。去年の暮だよ。納骨も済ませた。手紙を受け取って、途方にくれた。お前のかみさんと子供をどうするか。たつ子さんは、信一《しんいち》を連れて、実家に帰るという。それがいいかどうか、みんなで考えた。たつ子さんは、二十三歳だ。若い。戦争未亡人だ。子供を連れて、再婚できる見込みはない。まして、男たちは、戦争で死んだ。実家に帰ると言ったって、いろいろとうまくはいかない。結局、いろいろと考え、先に、復員していた、弟の満《みつる》と所帯を持たせることで、落ち着いた。勘弁してくれ。こうなるなんて、想像もつかなかった。勘弁してくれ。だれが悪いわけではない。しかし、みんなが悪いんだ。自分も、満とたつ子さんの再婚を積極的に勧めた。自分が、一番悪い。悪かった、許してくれ」

叔父は、泣きながら、道端に土下座してしまった。小麦の穂が熟れていた。

「自分は、驚天動地だった。あれほど命がけで戦い、あれほど命がけで、故郷を夢見ていた。妻に会い、息子の信一に会うのを待っていた。それが、生きる力だった。会いたい一心で、生き延びた。三歳の息子と、生まれて初めて会える。……これが、藤田信太郎《しんたろう》のゆう霊物語だ。分かってくれたかね。ゆう霊なんて、自分は、怖くない。戦場はな、人間は、ゆう霊よりも怖かったぞ。君たちは、戦争に行かなかっただけでも幸せだ。戦争に行くなよ。兵隊になるなよ。オレたちだって、みんながみんな好きで兵隊に行って、好きで戦争したわけじゃないけどもよ」

藤田信太郎さんは、

「戦争は、死んだ者にも、生き残った者にも、残酷だ。なにが起こるかわからん」

と言いながら、焼きイモの皮をむいて、その皮をおいしそうに食べた。

「うまかったなあ。ふかしイモとは違ってうまいな。足りなかったけどな」

ニコニコ顔になって、そう言った。

「少し泳ぐか、いっしょに泳ごうじゃないか」

信太郎さんは、僕たちくらいに、黒く日焼けしていた。四人で、夕焼けが始まるまで泳いだ。

異邦人トーク

妙見信仰

生の松原は、西から北に向かって延びている。西は、糸島、唐津方面だ。北は、二、三キロの海を隔てて、能古島に向かって突出している。突出しているところが、妙見岬である。小さな岬である。高さ三十メートルに満たない小山が、ふたつならんでいる。右の山ふところに、無人の小戸神社がある。左の小山の波で洗われる波かぶりの岩棚に、お膳立てが刻まれている。このお膳立ては、なんのために、だれが刻んだのか、土地のひとはだれも知らない。少し離れた県道沿いに、墓石屋さんがある。そこの石工が、刻んだ可能性はあるだろうと推測はつく。詳しく調べていない。折々に、見聞きしたことを綴ると、次のようなことになる。

わたしが生の松原を離れて、五十年も後、北斎《ほくさい》について調べていた。あるとき、「神奈川沖浪裏」を眺めていた。こいつは、曲者《くせもの》だ。とんがったことを訴えている。なにを言いたいんだ。そのとき、狂える浪に、眼光鋭い眼が現れて睨みつけられた。その眼は、こう言った。

「オイ、オメエ、俺の気持ちが分かるか。ウヌッ！」

権幕が凄い。いつも六尺棒を持ち歩く。それで殴りかかられるかと、わたしは身構えた。

「浪は、蘭風よ。ヨオロッパ・アメリカの風よ。お山は、幕府よ。無能なよう。そのうちに、呑みこまれるのよ。バカづらしやがって」

ドスの効いた年寄り声を、響かせた。

その声は続けて、こうも言った。

「浪は、お江戸の絵師たちよ。ヘタな、な。このオレが呑めるかって、な」

毒づいて、画狂人《がきょうじん》は、消えた。師の司馬江漢《しばこうかん》に教わった遠近法で、富士は、神奈川沖、浪の向こうに、見事に鎮座している。しかし、あれは、どんなつもりだ。二艘の船に、恐怖に慄くひとを乗せて、画狂人北斎は、楽しんでいる。火の地獄変ではなく、板子一枚下は、地獄。水の地獄変ではないか。火でひとが苦しむ。水でひとが苦しむ。考えるだけでも、ぞっとする。それを作品に、か。よくもまあ、こんなお遊びができるものだ。お里が知れる。火も海の地獄変も趣味低俗。だいたいひとを、なんだと思っていやがる。この苦しむひとたちを見ると、わたしなど、ぞっとする。勇気があれば、飛び込んで行って、助けたい。さすがに、強がりを言っても北斎、幕閣や旗本を、船に乗せる度胸はない。ありえない。湿気の多い、葛飾の借家を汚した挙句、転々としながら、あるときは十手に追われた。狂い蛸の絵を描き、自らは「三浦八右衛門」などと、見え見えの雅号を名乗って、三浦半島に身を潜める(三浦半島は蛸漁で知られる)。「歌麿《うたまろ》のように、御用になって、手鎖り五十日なんて、まっぴらごめんだ。江戸には、居られねえ。応為《おうい》ひとりにするのは、ちと、可哀想だけんどよ」

かみさんは、いなかった。目に入れても痛くない、愛娘の応為との別離を寂しがった。

「オーイ、めし。オーイ、お茶。オーイ、新聞は、まだか」

ついたあだ名が、応為。応為も、雅号「応為」としゃれて、画をよくした。父娘ふたりで、二人羽織のように画も描いた。愛娘、目に入れても痛くないと言っても、亭主とは、縁を切っている。目に入れられるトシではない。飴売りをしたりしている。時化《しけ》ているときは仕方がないが、横山町の版元から、銭が入ったときは、酒はやらない甘党のご仁、草餅やら、ぼた餅を買いすぎるほど買って帰る。

「オーイ、ドッサリ食べな。オーイ、お茶を頼むよ」

せっかく、乗ってきたのにと、応為は、筆を休める。そうして、父親を甘やかしている。応為も父に似て、甘党だが、お父《と》っつぁんにも甘くはないか。これも仕方がないか。応為は、父親を、甘やかしたのだ。かみさんがいない男と、おっかさんがいない娘のふたりだもの。

この北斎が、妙見信仰を持っていた。わたしは北斎について調べ物をしたとき、初めて、妙見信仰なるものを知った。妙見岬の名も、これに由来する。博多には、妙見という町名がある。九州には、妙見岳もある。偶然見たテレビでは、八代市《やつしろ》には、妙見祭りがある。妙見の名のつく山や地名は、全国に散らばっているようだ。妙見さまに、あの北斎が、なにを祈ったか。

(付記……平成二十八年十一月二十二日、すみだ北斎美術館がオープンした。生の松原の一角、妙見岬は、十代のわたしの自然の家。昔、年中、ひとの来ないところ。そこを離れてからは、今はイメージして書斎として使っている。最近、テレビカメラがこの岬に入っていた。妙見、北極星、北斎、信者と連想した。北斎の北は、北極星か。美術館オープンの前日、突然、そう読めた)。
※妙見岬にあった、お膳立ては、妙見信仰の祈りの場所だと思われる。

月の光に

この時代、わたしには忘れられないことがある。星にくらべ、月は、古来、親しみが深い。

熟田津《にきたつ》に　船乗りせむと　月待てば　潮もかなひぬ　今は漕ぎ出でな（万葉集）

地学の専門家が言った。月が満ちてくるのと、月が昇るのは、天文学的に一致している。とても写実的だと褒めた。月が出たら、船乗りしようと待っている。月の光のなかに、漕ぎ出したい。空からは月の光、受けて輝く波からも、光のうずのなか。金波銀波の波の上。かないぬの「ぬ」、出でなの「な」、このぬとなの柔らかさが、ひたひたと満ち来る潮と、潮の匂いを感じさせる。しかも、七、七ではなく、七、八と字余りにして、穏やかな月の夜の満ち潮へと誘う。この字余りが、この和歌の命だ。ひたひたと膨れる満ち潮の命を、しっかりと捉えた。

月の夜も、闇の夜も、海辺で、潮の満ち干を見ていた、わたしは、さすがと感嘆させられる。おおきな岩の横に満ち潮の線がある。ちょっと目を離していると、潮の線は、乾いた岩肌をいつのまにか這い上がっている。砂浜であっても、岩場でも、河口の岸辺であっても、満ち潮は、ひたひたと姿を現す。そして満ち潮は、波を消す。穏やかな海へと姿を変えていく。そこに「月待てば、潮もかなひぬ」である。膨れ上がる海面、静寂な月の浜辺。漕ぎいだした船べりに、戯れる月光。

月の満ち干は、人体と密接に関係している。ひとの生死と。潮が満ちて来るとき、たしかにひたひたと音がする。香りもある。そして生死や生理的に影響し、脳・こころにやすらぎを与える。海辺は、いやしの力がある。

月がとても明るかった。それは、戦前からだったか。それとも、およそ戦後、五、六年に始まったか。それは何年間か、七、八年間だったか。子供のときから少年期まで、月が異様に明るいのは気づいていた。しかしそのとき、月の明るい「周期」だったのは知らなかった。戦後、工場は、操業停止状態。高度成長期のように、産業が発展し、フル稼働していたわけではない。車はない。排ガスも大砂塵も巻き上げない。それで月が明るいのだろうと思っていた。周期的に月が明るかったのは、戦後五十年もたって、新聞で知った。

月が、明るい。その明るさは、半端ではなかった。そのころ世間は、月を見る風流な余裕はなかった。少年期で、お腹いっぱいは食べられない。夕飯後、きまって友人と散歩に出かけた。寒い時期と雨の日以外は。月の光で、新聞の文字が読めるかと、ふたりで試した。無理だった。大小いろいろな見出しは、読めた。教科書の文字も、ギリギリ無理だった。蛍が、数匹手伝ってくれれば、読めそうだった。春も夏も、もちろん明るい。秋から冬は、月光は煌々《こうこう》と辺りを照らした。散歩道のジャリ、草むら、黄色く熟れた稲穂、少しばかりのため池、松林。大きな湾は、キラキラと月光が反射している。たまに、光のなかを漁船が、進んでいく。月光のもとでの、白砂青松。砂浜も岩場も、月の光がざわめく。街なかも例外でない。屋根瓦が、光に濡れていた。いやいや、あの月の明るさは、道端の草むらや稲穂や海や森や屋根瓦に、月の雫が宿るとか、月に照らされてと表現しては、的外れだ。あれは、そこに月が降りていた。月のかけらが、落ちていた。物はみな、照らし出されていたのではない。物そのものが光を発していたのだった。

戦後まもなく、公害はなく、空気も川の水も澄んでいた。月が明るいのも、そのせいだと思っていた。想えば、そのころ「月がとっても青いから、遠回りして帰ろ」の歌がはやっていた。「月庭」の絵も描かれている。月といえば、「月光ソナタ」がある。「月の光に」、「月に憑かれたピエロ」がある。ルソーの絵のほとんどが、月下の静寂と神秘を感じさせられる。

竹取物語は、月の世界が、舞台になっている。暗い孟宗竹の森に、一条の月光が差し込んでいた。一本の竹の根元を、月が照らしている。ここでも、月の光が照らし出していたのではない。竹の根元に、月のかけらが宿っていたのだ。星は、瞬く、ふたつみつ。モンゴルでは、星は瞬かない。乾燥地帯では、月は、くっきりだろう。

月は、日本のようにいつくしみ、慕われるとは限らない。魔女とかオオカミなどと結ばれ、月は、恐怖を連想させる地域もある。星も月も、湿度によって、表情を変えている。湿度が高いか低いかの地域差で、作品にも、その月影の宿り方が、異なるのだろう。星が瞬くもおぼろ月夜も、日本の気候に合っているのだろう。

ヨーロッパに、幾度か行った。夜空を眺めている暇はない。ローマ郊外の七つの丘を、早朝のバスで移動中に、なだらかな丘の上に、大きなおぼろ月があった。わたしが経験した、戦後一時期の月の明るい周期が、もっと以前にも度たびあって、それぞれの作品が生み出されたのではないか。月の詩、月の曲、かぐや姫も、あの幻想的な月の光に導かれた。

二週間ぶりに、こだまさんを訪ねた。松原に通じる道端の、少しばかりの田んぼは、まもなく稲刈りが始まりそうだった。松の古木に近づく。

「やあ、松君だね」

「こんにちは。しばらくぶりです」

「しばらくぶりなのか。元気そうじゃないか」

「この前は、しゃべりすぎて、ご迷惑をかけました。こだまさんが聞いてくれるので、自分のこころにあるなにもかも、全部さらけ出してしまいました。すみません」

「そんなことは、ないよ。こころにある全部をさらけ出すと、君と自分は、意外と近かった。兵隊に行って、戦死した人間と、子供で戦争を経験した君と、根っこのところでは、近かった。気持ちが楽になった。若い君に、兵隊たちの気持ちをしゃべっていいのか、聞いてがっかりするのか分からないが、兵隊たちは内心、戦争は嫌だった。自分で志願したわけじゃない。召集されるんだ。駆り出されるんだ。敵と戦う、命をかけて戦う。あの勇猛果敢な特攻隊員も、人間魚雷も、同じ扱いをされていた。特攻隊機も燃料は、帰りの分は積んでいない。壮絶な死、壮絶な死を強要されていた。

だれがなんのために、そうしたか。国や軍隊の上層部か。国民全体か。考えると、グルグル回る風車だよ。ひとの命は、自分のものだ。だれが、なんのために、それを捨てさせることができるか。国家存亡のためであっても、ひとの命を捨てさせる命令は、あってはならない。ひとの命は、持ち主のもの、持ち主だけのもの、人類は、どこかで、間違った考えに陥り、その間違いをそのまま続けている」

「そうですね。国が悪いのか、軍隊が悪いのか、国民が悪いのか、人間そのものが悪いのか、考えると、分かりません。きっと、全部、悪いんでしょうね」

「この戦争で、どれだけの人間が亡くなった。君は、三百万人とか言ったな。三百万人が犠牲になってしまって。真っ当な説明がつかないな。三百万人の無念さ。自分も、そのひとり、とても無念だ。君に分かるかね」

「分かります、と言っても、こだまさんとこころが、ぴたりと重なるわけではありません。あなたは、戦死者、僕は、生者です。無念さ、残念さは、重なりません。しかし、なんで、こだまさんが死ななければならなかったか、僕は、僕として、ゆう霊よりもおばけよりも怖い、ひとの正体を追求します。生涯をかけて」

「ご苦労なことだ。頼むよ、松君」

「こだまさん、こだまさんがどこのご出身だか、なにか分かりましたか」

「それは、分からない。君と話している以外のことは、なにも分からない」

「そうですか。それが分かれば、身内のひとに連絡とって、……。仕方ないですね。残念ですけれど」

「仕方がないよ。君と話ができるだけでも、自分は、満足しているよ」

風が出て、潮鳴りが高まった。

「今日は、これで失礼します。また来ます。サヨナラッ」

元気よく言った。力が、入った。

「また、来てくれ給え。さようなら」

古木のなかの、いつもの遠く澄んだ声だった。声は、松風の騒《ざわ》めきに、さらに遠くなった。


次に訪ねたときは、台風が去った翌日だった。二百十日、二百二十日の台風シーズンは、ひと月も前に終わっていた。遅れた台風だった。稲刈りがまだ終わっていない。早足に、台湾、沖縄と、台風が九州を駆け上ってきた。この時期、珍しく落雷もあった。丸一日荒れて、台風は走り去った。すると季節が、一気に進んだ。海の色も空の色も、秋色を深くしていた。

気になっていて行くと、松の枝が千切れ落ちて、松林は荒れていた。古木が見えた。見えるなり、胸騒ぎがした。一見「なにかあった。ないはずはない」。それほど、こだまさんのいる古木は、無残な姿になっていた。もともと落雷や台風で、上の方が裂け落ちていた。また新しく、裂け落ちている。

僕は、海岸にいて、西の空をよく見ていた。沖縄、その先の南方。たくさんのひとたちが亡くなった。北に目を移すと、玄界灘の向こうは、朝鮮半島、大陸だ。たくさんのひとたちが亡くなった。無念だったろうと、いつも思っていた。こだまさんは、南方から僕に会いに来てくれたのだろうと思っていた。古木に近づいた。反応がない。「君か」がない。さらに身を寄せた。澄んだ、あの声がない。「こだまさん」と呼んだけれども、反応がない。静かだ。遠く澄んだあの声は、なかった。来るべきものが来たのだ。恐れていたものが、ついに来たのだ。

たぶん、もう会うことはないのだろう。故郷へ帰ったのだろうか。帰ってください。こだまさんは、故郷へ帰ってください。懐かしい音の聞こえるところ、懐かしい景色、若草の匂い、菜の花の匂い。お母さんや、お父さんや、ご家族のいるところへ。しかし、このような形で、別れがやってくるとは思わなかった。突然だった。突然すぎた。自分（こだまさんの一人称を借りた）は、しばらく、そこに立ち尽くした。松林が、ざわめく。潮騒が、高鳴る。磯の香りが、届いていた。

第三部　罪論・第一の罪

一　混　沌

混沌には、色があるものだろうか。赤とか白とか黒とか。それとも単なる闇、漆黒の闇なのか。星明かりもなく、鼻をつまれても分からない、真っ暗闇か。光と無縁の世界。洞穴深く入ったのと、同じ闇か。あるいは、深海の闇のようなものか。

混沌は、時間も空間も、まだ分離していない、それこそ混然一体のものなので、したがって色も、まだ何色とは確定されていないものなのか。確定されていない、あるいはひとがまだ経験していない、見たこともなく想像もつかないものか。そういう未知のものか。

もし混沌に色があるとすれば、それはどう考えればいいのか。あの虹の七色をすべて混合すると、光に戻るというではないか。もし色があるとすれば、それは虹の七色が、混ざりあわさって光となるように、混沌の色も混ざりあわさって、光になると理解すればいいのか。そのとき混沌は、光へと発展し、役割を終えるのか。

初めに、光があった。光の存在が最初で、すべてはそこから始まったと、疑いもなく言い切ってしまえば、混沌が光より前に、存在することはあり得ない。また、混沌は天地の始まる前、はっきりしない様や状態をいうものとすれば、初めに光があったとする立場とは、明らかに矛盾する。

では、闇はどうか。光との関係では、どうなるのか。混沌と光の関係において、どちらが先に存在したかが問題になったのに対し、闇は場所を変えて、光と同時に存在するのが可能ではないか。混沌は、光と闇とに分かれた。さらに闇は、美しい闇と、闇の闇に分かれた。美しい闇は、ひとが現れる以前から存在していたのに対し、闇の闇は、ひとが現れた後に、現れた。美しい闇は、光の支配を受けて光と共にあり、ひとの入り込む余地のない闇、つまり宇宙の闇、自然界の闇である。これに対し闇の闇は、ひとと共にある闇のことである。ひとと共にある闇、つまり罪である。闇の闇は、光とは関係なく独立して存在していた。地上に、ひと類・人類が現れるまで、第一の罪の根源として、ひそかに息づいて、「とき」を待っていたのだろうと、わたしは考えた。

闇は、美しい闇と、闇の闇に分かれた。後に、ひとの罪は、食即罪、すなわちひとの食べる行為に始まりがあると、わたしは考え、そのように理論を動かしている。罪の始まりは、食べることにあるとしながら、ひとが現れる以前から、罪の根源として「とき」を待つ。一見、矛盾。しかし、この矛盾に見えるのは、ひとがひとになる以前の、ひとと言えない生きもののとき、その食べる行為にも、罪と言えるものが芽生えていたと考えるべきなのかどうか、決めかねているからである。これは、ひとの罪の始まりを確定するとき、問題になると思われるけれど、実は、たいして重要なことではない。ひと以前の生きものであろうと、ひとになってからであろうと、結果的には、ひとの罪は、ひとの食べる行為に端を発しているとすれば、ひと以前の生きものの罪の根源を呑み込んでしまうからだ。罪の始まりに、それほど神学的に力を入れて、悩まされることはない。悩まなければならないのは、あるいは、問題にされなければならないのは、罪そのものである。

罪、つまり「第一の罪」が、ひとの世界を、どのように動かしているか。ひとは、なすすべもなく、第一の罪に翻弄されていると、わたしは考えている。このことが、大問題なのである。

ここでは、一言しか触れないけれど、翻弄されているのは、ひとだけではない。実は、この罪に、神々も翻弄されていると思われる。ひとの罪への対策がなく、処理されていないので、神々がひとの罪に翻弄されている。このことは、言われているように、超自然的、超人類的に神々が存在していれば、処理されていなければならない。しかし、ひとの罪は、ひとと共に生きている。この問題は、神々の存在と関わってくる。神々は、ひとを造り、ひとを支配しているとは、とても言えなくなる。罪の存在なんてたいしたことではない。そう考えれば、ひとも神々も、なにも動揺しないし、対策もいらないだろう。それが現状のように思われる。処理できなくて、逃げている。

わたしは落ち着かない。罪の存在なんて、たいしたことではないのか。わたしの場合は、そうはいかない。わたしのテーマは「ひとは、なぜ戦争をするか。戦争の名で、ひとを殺せるか」である。戦争の罪が大問題で、この姿形の定まらない罪に、わたしは翻弄されていた。さらに、辛いというか、情けないというか、孤立無縁なのである。いやいや、辛いというのは当たらない。そんなことは、子供のころから覚悟してクリアーしている。しかし、情けない感情は、薄れることはない。子供のときから、七十八歳の今日に至るまで、この情けなさは募るばかりである。

桜の季節が、終わった。春を待ちわびるこころも、にぎやかな桜祭りも、終わった。華やかではない季節。そっと、時は新緑の季節へと移る。桜は、どこにでもあって、楽しめる。新緑も、木のあるところ、どこにでもある。桜は、一本でもいい。花も、その散りゆく風情もいい。新緑は、道端に一本では、様にならない。いい新緑に会うには、深山に行くしかない。新緑が色を重ねながら、山肌に盛り上がるのを見に行きたい。美しく、清らかな自然の姿。深山の新緑と、そこに湧き出る清水は、脳・こころが洗われるような、罪が洗われるような、清らかさがある。

新緑に会いたい。それなら、青梅《おうめ》より先がいい。多摩川に沿った、青梅街道を行く。奥多摩まではもちろん、さらに奥にも新緑は広がる。奥多摩湖から丹波山村《たばやま》を経て丹波《たば》渓谷へ。この街道は奥深く、丹波渓谷の秘境を通り、行きつく先は五十キロも先の塩山《えんざん》になる。青梅線の終点を抜けると、ダム湖になる。ダムサイドに熱海という地名があり、民家が点在している。丹波山村に入る手前に、「お祭り」という小さな集落がある。雲取《くもとり》山の登山口である。ここから幾度か、雲取山に登った。単独で一度、友人たちと二、三度。長くご無沙汰してしまっているが、丹波山村には、なじみの民宿があった。お祭りから左へ向かえば、小菅《こすげ》村。ここは、大菩薩峠の登山口である。ただし、ここからのアプローチは長い。民宿のご主人は、三、四時間で行ける、すぐという。わたしには、もっと時間がかかる。それだけではない。樹木が茂っていて、夏は暑いし、見晴らしもよくない。わたしも、知人たちも、大菩薩峠、大菩薩嶺には、簡単に行ける塩山から登る。

贅沢に、新緑を楽しむのなら、丹波渓谷がいい。ここは、関東の紅葉の隠れた名所と言われている。紅葉がいいところは、新緑がいいところでもある。わくわくしながら、紅葉のとき、一度、友人の車で走った。深い渓谷は、川底から紅葉が天に至っていた。まるで紅葉の壁であった。遙か上空に、細長い空があった。紅や黄色の先に、抜けるような秋空が描かれていた。道路は、見下ろせば深い谷底、見上げれば、細長い秋空の見えるに位置にあって、くねくねと続く。渓谷は深く、道幅は狭い。両岸は、見上げるほどの崖である。どこかに車を止めて、紅葉を楽しむようなスペースはない。もちろん、民家もない。歩いているひともない。ひとの歩くような道路ではない。丹波渓谷は、秘境であると聞いていた。そのとおりだった。山歩きはしているけれど、これほどの秘境を、他で体験したことはない。途中のおいらん淵で、ちょっとだけ車を止められる。ここから道が分かれ、右へ行くと、高橋の集落。集落を経て、さらに登る。多摩川の水源も一滴の水、一掬《いっきく》の水から。水師である。水師とは、いい名前だ。

しかし、おいらん淵は、つらい地名である。武田藩、信玄公は、なんでも隠したがるのか。隠し湯、隠れ金山。海辺のひとの解放感に対して、山国のひとの隠したがる性格があるものだろうか。おいらん淵は、武田の隠し金山と結んでいる。近くに、金のつく山があったり、少し離れて、金峰《きんぷ》山もある。金山があった。そこに女たちがいた。佐久の豪族を制圧して、そこの女たちを、ここで働かせたとある。男たちも、佐渡金山が囚人たちを働かせたように、征服した男たちを、この危険な仕事に従事させたのだろう。金の産出量は、佐渡に匹敵するくらいだったともいう。武田の軍資金となったのだろう。

金山が閉鎖される。遙か見下ろす絶壁の下に、渓谷の底が見える。ゴツゴツした、岩と岩。岩に急流がぶつかり、飛沫をあげている。その急流の上に突き出して、桟敷が造られた。おいらんたちは、その桟敷で、饗宴にあずかっていた。藤づるは、昔は、ロープ代わりに用いられた。釣り橋などにも使われていた。宴たけなわ、その藤づるで吊られていた桟敷のつるが、斬って落とされた。金山を閉鎖する、おいらんたちの口封じである。いまだに、そこにお線香が焚かれている。近くには、民家の気配もない。おいらん淵は、深く寂しい渓谷を見下ろすところなのに、恐ろしい虐殺があった。やさしいこころが、今もなお脈々と続いているおいらん淵である。

春うららのある日、わたしは車を走らせた。新緑に会いに、わたしは今回、そんな奥まで行こうとは思わない。桜が終わって間もないので、新緑は、そんな奥ではまだ始まっていない。多摩川を上って、青梅の先、せいぜい奥多摩駅から、日原《にっぱら》の鍾乳洞《しょうにゅうどう》あたりまで。途中でいい新緑に会えれば、そこまでと決めている。青梅で、ひと休みした。客のいないコーヒー店で、少し休んだ。

青梅を出て、離れていた街道が、多摩川に近寄る辺りで車を止めた。多摩川が、曲がりくねっている。こちらの土手が突き出して、川は向こう岸に食い込むようにくねっている。向こう岸には、渡れない。その向こう岸は、新緑が深い。土手に腰を下ろした。ここは、いい。探していた場所だ。新緑が芽生えて間もない。芽生えたばかりの、黄緑や薄みどりの葉っぱが枝に溢れ、川に滑り落ちそうだ。三日みぬ間の桜ほどではないけれど、新緑の燃え立つ色も、数日、目を離していると、春を謳歌して、色はさっさと濃くなる。色は木の種類によって、みずみずしい芽生えのときが、少しずつずれている。同じ木でも、木を取り巻く条件や環境によって、その違いが現れる。それは、考えなくても分かる。

しかし、わたしには、分からないことがある。短い銀杏並木がある。七、八本が並んでいる。この七、八本の色づきの時期が違うのである。それぞれの条件、環境はまったく同じ。木の大きさも、日照りも、風も、同じ。なのに、一本は、早々に黄色に色づき、隣の木の葉っぱは、青いままだ。これを毎年見続けている。見えない部分の、地下水脈や土や瓦礫《がれき》などのなにかが影響しているのだろうか。銀杏も、ひとの気性のように、一筋ではいかないところもある。

銀杏は、かなり特性を発揮する樹ではある。原始時代から長年生き続けている樹らしい。庭の植木鉢に、数本の銀杏がある。鉢植えで、根が張れないので、樹は小さいまま成長を止めている。少し、春先に切り詰める。五十年を経ても、五、六十センチより伸びない。また、銀杏は床柱にしたら、芽吹いたという話もある。銀杏が実るまで、その雌雄の見分けが難しい。大木になれば、どの枝も水平より上に向かって伸びているのが雄、やや下向きなのが雌で、見分けがつく。葉っぱの切れこみの浅い深いで見分けがつくは、それはあまり当てにならない。「火事と喧嘩は江戸の華」。銀杏の樹は、その火事の類焼を食い止めた。銀杏は、多くの水分を含んでいる。そんなことで、その葉が東京都のマークに使われたか。

新緑。木々の個性と、その芽生えのときのずれが、緑色の濃淡を多彩に描き分けている。葉っぱの小さいもの、手のひらのように大きいもの、そこに当たる陽の光でも、緑は色を変える。新緑は、ほぼ緑系統のひと色なのに、とても多彩に装う。紅葉は、赤、黄色、茶など、色彩そのものが豊かである。新緑は、ほとんど緑色の濃淡だけで、その美しさを表現している。新緑の美しいところは、紅葉も美しいともいう。紅葉は、川縁の昼夜の温度差のあるところがいい。

ここもきっと、紅葉がいいに違いない。目の前の新緑を見ていて、その色合いに満足させられていたが、わたしはあるひとつの目的を持って、新緑に会いに来ていた。けれどもここは、わたしの目的を満たしてはくれなかった。ある目的というのは、新緑のいろいろな色合いから、音が聞こえるか、である。実験というには大げさだけれども、果たして色から音が聞こえるかどうか、試してみたかった。ここは沢の音が、残念ながら、それを邪魔していた。色から、音が聞こえるか。わたしの考えは、突拍子もないものかどうか。しかし、わたしは肯定的にも否定的にも、断言できない経験をしている。

夜、静寂、星。この条件が揃うと、わたしは、星からの音が聞こえる。たぶん、これはわたしの思い込みだろうと思う。以前、星を見ていてそう思い、その思い込みが根づいたのかもしれない。星から、音が聞こえる。夜、静寂、星の条件がそろったときだけ聞こえる音。妙なる音。高く澄んだ音。かすかな音。楽器にはない音。サヌカイトという石がある。「これを叩くと、こんな音がします」。テレビで、その音を聴いた。実際にある音として、サヌカイトの音が、星から聞こえる音に、一番近い。わたしに届く星からの音は、もっと小さく、高く澄んだ音。この星からの音が、思い込みや幻聴の類かどうか、試してみたいと思い続けている。

そこで静寂の新緑の色から、直接に音が聞こえるものかどうか。色、あるいは光から、音が聞こえることは皆無だろうか。星や月や太陽、それに空、雲、山などから、音が発せられていないだろうか。水、これは難問。川や海から、遠く離れていなくてはいけない。川のせせらぎ、海の潮騒などは、その音の聞こえる距離では、意味をなさない。もっとも遠く離れていても、経験上、いろいろな水の音を聞いているので、経験が邪魔をして、この試みに適切ではない。

新緑の場合は、どうか。風に吹かれている場合は、葉っぱが鳴るだろう。では、風に吹かれていない場合は、どうか。色そのものから音が発せられ、それを聴くことができるだろうか。これを試みてみたかった。紅葉とか、枯れ葉は、いけない。この時期は、秋風が吹き、水分を含まない葉っぱは、サラサラと、あるいはカサコソと音をたてやすい。経験上、風が吹いていなくても、聞こえる可能性を否定できない。これも実験材料としては、よくない。枯れ葉を見ただけで、経験上音が聞こえる。色、形から、経験上聞こえる音が、実験を妨げる。

ひとの脳は、十パーセント台しか使われていないらしい。残りは、未使用、未開発。では、音のないものから、音が聞こえる。星から音が聞こえる。思い込みをくり返していると、聞こえるのではないか。思い込みが進んで、視覚から聴覚へ、色から音への訓練の結果、脳の新しい機能が、芽生えることはないのか。経験による、思い込みがなくて、色から音が聞こえることは、ないのか。

ひとではなく、別のある生きものが、色から直接に、音を聴いている場合はないのか。渡り鳥などは、色から音が聞こえるなんてないのか。夜、飛んでいる鳥は、星明かり、月明かりなどの光から音が聞こえる、そんなことはないのか。他の動物はどうか。昆虫類は、どうか。このせせらぎの音のあるここでは、試せない。それでもここに広がる新緑は、わたしの罪を洗ってくれた。この恵みやその優しさを、美しい言葉に変えて、自分の脳・こころに取り込みたい。すぐまた罪で汚れてしまうとしても、いつ時でもそうなりたいものだと思った。

新緑に包まれながら、呼吸法を楽しんだ。五十年も前、ほぼ八年間、ひどい腰痛に苦しめられた。日常生活にも、困った。勤めも、休んだりした。これは、一生治らない病気かもしれない。まだ、呼吸法も、ヨーガも一般に知られていない。薬もない。治療法は、お灸《きゅう》、ハリ、マッサージの類。夜のグラウンドで、星空を見上げた。宇宙の大気を胸いっぱいに吸い込んでみよう。さらに、両手を高く上げ、指を組む。首の後ろで、両手をゆっくり下ろし、上げる。呼吸に合わせて、数回くり返した。痛みが薄れた。運動不足だ。登山を始めた。水泳を始めた。富士山の五合目から、四時間で登る。水泳、短水路では我流で、女子世界新と並ぶ。しかし、運動の方向を間違えた。これは、腰痛には、直接効果はなかった。その時以来、呼吸法の大切さを知った。

新緑を見に来て、色を音に変える試みは、できなかったけれど、宇宙はひとつ、自然はひとつの、平和はひとつの、新アニミズム《※わたしの造語5参照》の贈り物を十分に頂いた。そして、期待していた新緑には会えた。しかし、まだ昼には、間がある。みずみずしい新緑を求めて、さらに川をさかのぼってみようと思った。日原の鍾乳洞方面に、朝の光を浴びて、新緑の谷はないだろうか。

坂の途中に民家がある。そこを過ぎて、さらに畑道を登る。畑が途切れて、新緑の森に、明るい光がさしている。もう少し登れば、そこから明るい光を浴びた、新緑の広がりが見られそうだ。少し行くと、ひどい土砂崩れだ。左の山肌がえぐられている。大量の土砂が、谷底になだれている。集中豪雨の痕らしい。

ぽっかりと穴が開いている。ひとが立って入れるほどの大きさだ。そっと、入ってみる。湿っぽくはない。むしろさらりとした感じがする。広くはない。五、六歩入った。あまり先には、行かないほうがいい。通路のようになっているので、覗く。右に、折れている。ほの暗い。立ち止まった。そんなことがあるはずはないのに、かすかに、磯の香りがする。靴底の感触が、砂地のように感じられる。磯の香り、砂地、海育ちのわたしには、とても魅力がある。長い間、海辺を離れて多摩に住んでいると、ときどき無性に海が恋しくなる。しかし海であれば、どこでもいいとはならない。わたしの海は、外海ではいけない。水平線のかなた、果てしない海、荒海などはいけない。湾内でなくてはならない。湾内でも、外海の波が入って来ない波静かで、松林があり、白い砂浜があり、湾の向こうに山が聳《そび》える。わたしの海、夏も冬も、朝から晩まで、遊び場にしていた海、博多湾の西、生《いき》の松原だ。わたしの海は、これ以外にない。

洞窟を少し進む。急に、暗くなった。真っ暗闇だ。鼻をつままれても分からない暗闇だけれど、磯の香りと砂地の感触は、安心感を与えてくれた。わたしは、そこに腰を下ろした。正面を凝視していた。なにかよくないことが起こるかと、一抹の心配もあって警戒していた。正面を凝視したまま、腰を下ろし、砂地に触れてみた。感触は、紛れもなくサラサラとした砂だ。

暗闇から、音が流れていた。かすかな、ひくい音。音の響きは、洞窟のなかが広くて深い、広々とした闇の空間を示唆していた。音源がどこなのか、分からない。広い闇の空間全体か、空気そのものが音源のようにも思われた。通奏低音。音か音楽なのかは、区別がつかない。歌っているかといえば、歌っている。ひとつの音が、風に吹かれて、強弱を表しているようにも聴こえる。磯の香りとその通奏低音が、二重奏のようでもある。わたしは、すっかり落ち着いて、その音を聴いていた。

ずっと闇のなかにいる。目は少しも慣れない。目の前に、開いた手をかざしても、それが見えない。それほど、闇は深い。こんな闇は、これまで経験したことがないなあ。どれほど時が過ぎたか、張りついた漆黒の闇が、動いたように思われた。しばらくすると、闇はさらに動いた。それでも、なにかが見えるほどは、動いていない。闇は、闇のままだ。見えているのかいないのか、勘が働いてきたのかどうか、実際は見えないのに見えているのか、闇に濃淡があるように思われる。靴底の感触を頼りに、少し前へ。闇のなかに、黒い部分がある。触ってみた。柱か。表面は、ざらついていて、なでると丸い。柱か？　また、闇が動いた。それは、間違いなく柱だ。そのくらいに、闇が動いた。目が慣れてくると、その柱は、一本ではない。柱は、何本も立っている。闇の底が、分かるようなった。立っているところは、砂地。その砂地に、何本もの柱が立っている。これで闇の素性が知れた。闇の底に吸い込まれる危険性はなくなった。わたしは、一歩一歩、用心して歩を進めた。さらに闇は、動いた。

ここは、砂浜と松、松林ではないか。そして、磯の香り。海辺か。すると通奏低音は、海鳴りか。わたしは、もしかしたら、なにものかによって、ここに招かれているのかと思った。いっそう安心した。生の松原であるわけはないけれど、幻の生の松原かと、思わせられた。立っているのは、柱ではなかった。しかし、樹でもなかった。丸い、柱のような、樹のようなもの、これまで見たことのない、不思議なものだった。すらりと伸びた主幹があり、幾本もの枝が出ている。ところが、葉っぱはついていない。砂地から生えている。生えているのに、つまり生きているらしいのに、葉っぱがない。闇に存在感を示している樹はよく見ると、もっと不思議なことに、どの樹も姿形が同じではないか。この闇は、なにか得体が知れない。招かれたのか、それとも呑み込まれているのか。では、その正体は？　また、不安になる。わたしは、そこに腰を下ろした。前方を見つめていた。

これは、なんだ。前方、闇のなかに、横に張った一本の紫の糸が現れた。紫の糸に沿うように、糸よりも少し幅広く、漆黒の闇が破れた。紫の糸に沿うように、細くかすかに闇が紫色へと動いた。鼻をつままれても分からない不安な闇に、青紫の色彩が現れたことで、安心させられた。緊張がとけた。さらに見つめていると、細い糸は、太めの糸に変化した。糸が太めに変化すると、闇に映えている紫に青色が混ざり、さらに太くなった。初めに、漆黒の闇に現れた、細く紫の糸と見えた物体は、実は糸ではなかった。少し幅が出ると、それは青紫の光の線だった。この不思議な光景を見ていた。これは、一体なんだ。なにが始まったのか。どれほど時間が経過したか分からない。光は、空と思えるところに広がり、いっそう、辺りは青紫色に支配された。足元の砂地から、光の線が現れたところまで、そこは海だった。空も海も、青紫色になり、その色は、緑色を含み、黄色を含んで。明るくなった。

柱のような、樹のような、不思議な丸太は、黒々として立っている。あたかも松林のように、立ち並んでいる。松林と違うのは、その姿が、松とは全然別もの、初めて見る姿をしている。わたしは、立ち上がった。少し歩く。その柱の陰に、黒くて丸いものが転がっているのが、気になっていた。辺りが闇のときから、黒々としていたけれど、明るく光が差しても、その黒々さは、まったく変化しない。光に照らされることなく、黒々としたままだ。一個、蹴ってみた。

軽く先へと飛んだ。次の一個を蹴った。飛ばない。動きもしない。根っこが生えているような感じがする。もう一度、蹴る。それは、少し大きくなった。さらに蹴る。そこに留まったまま、さらに大きくなる。光の影響も受けない、黒々としたままの頑固な物体。わたしは、蹴るのを止めた。ふと、第一の罪が頭をかすめた。闇の闇か。「なんだ、これは」。わたしは、見つめた。「お前だ、お前だ。そしてお前の仲間だよ」と言われているような気がした。

水平線に、虹が現れた。さっきの紫色から次々に変化した色は、虹色だったのか。はるか彼方の海と空を分けて、横一直線の虹の線を引いた。空の闇と海の闇を、ふたつに分けた。しばらく、そのままだった。虹が広がった。通奏低音は、音色を明るくしたか。ふわりと軽くなった。これは、なんという光景か。わたしは、言葉を失った。立ち尽くしていた。帰ったら、この経験を、見たまま、聞いたまま、家族や友達に話す。しかし、果たして、信じてくれるか。信じてくれなかったら、ここに連れて来る。こんなことがあるなんて。こんなことが起こるなんて。わたしひとりだけで見るべきものではない。しかしその先、大騒ぎになるか。どんな大騒ぎになるのか。ガヤガヤとひとの声が聞こえる。ひとが押し寄せてきた。

虹は、急速に広がって、光に変わった。空も海も、燦々《さんさん》と輝いた。「なんだ、夢か」。闇の闇、横一直線の虹、第一の罪の原型らしい黒く丸い物体。いつも思い詰めていた光景が、夢のなかに現れたらしい。車のなかで、いつの間にか、うとうとしていた。木陰だったところに駐車していた。少し太陽が動いて、フロントガラスに照りつけている。車から出ると、小学生たちの遠足の列が、畑道を通って行く。ガヤガヤ、ガヤガヤ、言葉も足取りも楽しそうに。

二　第一の罪と戦争

日は昇り　　日は沈む
日は昇り　　また　日は沈む
ひと　　　　そのこころを知らず
ひとはひとに　銃を向け
夜も　　　　昼も

先人たちの知恵という。この言葉に、ひっかかった。これは、実際は、先人たちのいい知恵という意味で、言われたり、使われたりしている。しかし、そんなことが、あるはずはない。わたしの理解は、まったく逆だ。なにを指して、先人たちの知恵というのか。日常、われわれは、どんなものを食べると、体にいいとか、どんな運動がいいとか、呼吸法はこうだとか、一呼吸、一行動、その他、実生活のすべての面においては、先人たちの積み上げてきたいい知恵は、無限にあり、この点については、感謝せずにはいられない。この知恵をいただかなくては、実生活は成り立たない。生きていけない。

ところが肝心の文明・文化の本質のところでは、どうか。ひととはなにか、どんな生きものであるか。ひとの本質、ひとの罪の形、ひとの本性、そしてそのひとが惹き起こす、戦争の本質、ひとのどこから戦争が現れるか。ひとはなぜ戦争を好むか。言葉で解決しなければ、殺意を抱き、実行する。刑法レベルであっても問題であるけれども、次の場合は、さらに問題だ。これらのことは、ひとの本質との関係で、説明されていない。いくさ、戦争、虐殺、ジェノサイド、テロ。何千年前のどこを基点にしても、それ以降、これらのもろもろの問題について、文献は、皆無。なにも書き残されていない。だれも思索したり、研究した形跡もない。歴史的に観てもそうだと思われるけれども、歴史を生き続けた後の者たち、そして現代に繋がる者たちも、このことに疑問を持っていないように思われる。ひとの生きるについての、一番大切な基本中の基本が、サイレント。これがわたしには、なんとも不思議、不可解なのである。抜けているじゃないか。大切なことが。よくそれで生きていけるなあ、と思ってしまう。大量殺戮を続けているのに、サイレント。自分たち、ひとがやっているのに、サイレント。ここにも、ひとの本質、つまり第一の罪を持つ、ひとの本質が、現れている。表現は違っても、子供のころから、一貫してそう思い、ずっとずっと現在まで、思い続けている。

ひとを造ったとか、導いているとか、愛しているとか、そのような神がいるという。世界には、いろいろな神々がいる。これらの神々と、先に挙げた、諸問題とを、どのように繋げて説明するのか。解決の方法は、あるのか。つまり、宗教、神々と、これらの問題。神々と、ひとの罪の問題。いくさ、戦争、虐殺、ジェノサイド、テロをどう説明し、解決しようとするのか、あるいはしないのか。それとも、ひとの罪や戦争などは、神々には、関係のないことなのか。では、平和については、どうなのか。平和のある場所、その姿や形。これも神々には、関係のないことなのか。では、神々とは、どんな仕事をしているのか。しようとされているのか。神々は、ひとを造ったり、導いたりしていると言われる。では、なにを考え、ひとをどのように導こうとしているのか。この点において、神々の意思が、わたしには見えない。どうしてなのか。このどうしてなのかについて、わたしは、十分に時間をかけて、思索し、その結果、見えてきたものがあった。いずれ、それは述べることにする。

先に挙げた、もろもろの問題、ひとの存在やその意味に関し、つまり戦争を中心とする、ひとの負の問題、この熾烈《しれつ》な〝ひと否定〟とも言える脳・こころとその行為ついて、先人たちは、なにもいい仕事をしていない。サイレントではないか。神々も、サイレント。先人たちも、サイレント。現代のひとびともサイレント。これが先人だけでなく、すべてのひとびとに対する、わたしの大いなる疑念だった。過去形で表現しているのは、わたしは、たぶん、それらに対する、ひとつの姿かたちを見つけ出し、つまり自分で納得できる結論に到達したので、過去形になっている。不思議なことに、過去、ひとの歴史を見ていると、まったくわたしの疑念など、なにもないかのように、なんの疑念や心配や、不安を呈している様子は見えない。この点について、過去をひたすら肯定し、先人たちの知恵を有り難いと思うひとびとは、今もなにもやっていない。やろうともしない。やる必要を感じていないのだと思ってしまう。それでいいのか。いいとするなら、では、ひとはどこに向かうのか。これほどに、歴史の長さ、殺戮をくり返す大問題に、目が向かない。脳・こころが向かわない。やっていることと言えば、なにもかもピントはずれ。戦争は終わるのか、終わらないのか。終わらせるのか、終わらせないのか。ひとの惹き起こす戦争を、ひとは、止めることができるのか、できないのか？　なるようになれ、なるようになると言うのか。ひとが惹き起こす、他の生きものには見られない、ひと特有の戦争なのに。

ひとは、あまりにも哀しい。そして、よく考えもしないで、愛や慈悲を簡単に持ち出す。古代人の場合は、これでいろいろな問題が、解決したのだろう。その程度の解決の仕方で、間に合ったのだろう。現代の世界。古代とは、まったく異なった社会、世界を形成している現代。

状況がまるで違う現代において、愛や慈悲で、ひとの問題、ひとから派生するもろもろの問題が解決すると考えているとすれば、わたしから見れば、的外れもいいところ。現代のあるひとたちも、これによれば、以上に述べたいろいろな問題が、解決するように思うらしい。私見では、この点からの問題の捉え方では、解決なんかするはずもない。それでは、哀しい。空しい。絶望的ではないか。悩みは、無限に拡がるばかりだ。時を繋ぎ、歴史を重ねるだけ、哀しみも、空しさも、絶望も、拡がるばかりだ。戦争や大量殺戮に対処しようと、脳・こころが向かわないで、それを放置して、飛び越えて、愛や慈悲が持ち出されているのは、ひとのいい加減さを証明しているようなものではないか。世界は、そのような状況あると、認識されないだろうか。

ひとというか、人類というか、つまりわれわれは、先人たちのいい知恵なんか、なにも受け継いでいない。先人たち、古代人の知恵は、衣食住はじめ日常生活に密着した問題から、抜けきらない。世界に目を向けて、そこにある問題を解決しようとしない。もっとも、近現代と違って、古代は、世界人としての意識がない。近現代人は、世界に生きているのに、世界人なのに、世界を意識していない古代人の脳・こころを、そのまま踏襲している。このズレの修正ができていない。このズレ、この巧妙にズレさせるエネルギーは、第一の罪による、ひとの欺瞞《ぎまん》性を感じさせる。戦争や大量殺戮を続け、これを放置しながら、愛や慈悲を猪突に持ち出し、こころの問題にしてしまう。愛や慈悲や許しによる、こころの問題とするのでは、戦争や大量殺戮の解決には、ならないだろう。解決するように思わせたり説いたりする、あるいは誘導するのは、解決への入り口を間違わせている。弱い脳・こころは、神々の知恵だとか、教えだとか言われると、すぐそれに乗せられる。神々は、そんなことは言っていない。神々の名を借りて、ある者が言っている。ある者は、第一の罪を持っている。神々の名を借りて、第一の罪が自己主張をしている。この場合まさか、ひとと密着したり癒着したりした神々までが、第一の罪を持っているなんてことはないだろうけれど。そもそも、その言動をよく見れば、神々の姿は、ひとの姿と、あまりにも似ていないか。ここで第一の罪を持つらしい、神々や、古代人を責めても仕方がない。責めるよりも現代人が自分たちの問題として、取り組めないところに問題がある。現代の巨大な罪も、戦争を巨大にしたのも現代人だ。

地球の裏側という言いかたがある。そこで、紛争がある。ひとが大量に死んでいく。身近な者が死ぬ。その嘆きは、比較できない。自分のペットが死ぬ。その嘆きは、地球の裏側のひとの死よりも、深い。この事実。

「ひとは怖いよ。ゆう霊よりも、お化けよりも」

昭和十六年十二月八日、開戦の朝、母の言葉である。わたしの問題意識は、ここから始まった。

「困ったことになった。戦争になった」

「戦争って、なあに」
「戦争はネ、ひととひとが殺しあうのよ。ひとは怖いよ、ゆう霊よりも、お化けよりも」
ひとはひとを敵と呼んで、大量に殺戮してしまう。これを止めるための、先人たちのいい知恵は、一個も、一滴もない。これが文明・文化のすべてに及んでいる。戦争をくり返す歴史を続けてきた。これからも、そうか。時代を重ねながら、後のひとびと、つまり現代のわれわれに至るまで、いい知恵は出てこない。いい知恵よりも、汚れた知恵が勝る。文明も文化も、時代と共に、汚れが目立つ。

なぜ、こうなるのか。これらの点について、順次、明らかにしていく。時代が新しくなれば、絶望と失望の十九世紀から二十世紀のようではなく、希望がもてる時代が来ると、ひとびとは期待したと思われる。けれども二十一世紀、結果はわれわれの知るとおり、相も変わらず、戦争は、少しもなくなる気配はない。大量に、ひとがひとを殺している。日夜、武器・弾薬を優れたものにして、戦争をくり返す。人類の英知は、ここに結集させのだというかのように。

……ひとは　ひとに　銃を向け　夜も昼も……　ではないか。世界のひとびと、つまりわれわれにとって、この先絶望的に断層が深くなるばかりではないか。逆断層なのか、くねくねと曲がりくねった地層、あの褶曲《しゅうきょく》なのか、見ても訳の分からない、複雑さである。歴史の始まりの、大河の一滴は、救いようのない汚れたもの、その汚れた一滴が、源流になっていると理解される。

「第一の罪」を持つ、われわれひとの性質、このひとによって造られ続けている世界、そして時間も空間も、当然、歴史全体において、この汚れた性質を反映している。第一の罪に汚された、源流の一滴、それが現代まで続いている。

子供のころ、わたしは、そう思った。そのころは、まだ?がついている。長い歳月、思索を重ねた結果、その思いは?が取れて行く。子供のころついていた疑問符も、今はつかなくなっている。すべては汚れた源流の一滴からと、確信をもって、そう思うようになっている。このままでは、これから先、ひとの脳・こころも、ひとの思想、時間、空間、歴史全体、この図式は、変わらない。今の社会や、世界で生きていると、そのことを、日々、痛感しないではいられない。これは、なにも現代社会の特徴ではなく、過去のいつの時代も、それは現れていたはずだ。その時代のひとびとは、そう思って生きていたと思われる。しかし、軌道修正できない。

……なぜ、そうなのか。わたしは、それらのことを、これから明らかにしていく。

ひととは、どんな生きものか。戦争をくり返すひととは、どんな生きものであるか。ひとを知る、理解するためには、これを知らなくてはならなかった。ひとの罪。ひとの脳・こころの大きな要素のひとつと思われる、罪。罪について、その「罪論」は、どこかにあるのか。わたしは、見つけられなかった。それでは、自分で、考えるしかない。だれもやっていない難問を、なぜ、わたしがやらなくてはならないのか。ひと類、人類のテーマを、なぜ、わたしがやらなくてはならないのか。わたしは、ひとに対し、大いに、不満だった。わたしを、バカにして。バカにしやがって。バカたれどもが、アホの戦争をして、自分の国の何百万人のひとびとを犠牲にし、相手の国の多くのひとびとを犠牲にし、迷惑をかけた。わたしでさえ、戦後、七歳。わたし以後の戦争を知らない、戦後生まれの後のひとびとを、苦しませ続け、その上に世界の批判にさらす。これは、耐えられない。国を滅ぼし、ひとびとを犠牲にし、後のひとまで肩身の狭い思いをさせる。なんという、無責任な無謀な行為をしたものか。戦後、彼らの謝罪の言葉さえ、聞いていない。まったく、いい加減な者たち。そして、その解明もしないまま、さっさといなくなった。責任ある者たちは、さっさとみんな亡くなってしまった。

戦後、当時の者たちは、「戦争はいけない。平和でなくては」が、口癖だった。軽薄な、言い逃れをしたのだ。タチの悪いものは、どこまでもタチが悪い。「アメリカと戦争して、勝てるわけがない。そんなことは、初めっから分かっていたことだ」。このセリフも定番だった。そんな自明なら、そのとき、そう言えよ。戦争を惹き起こした者たちは、軍部だ。自分たちは、その犠牲者だ。ほとんどの国民は、そう思い、またそう言った。ここでも、ひとのせいにする。軍部の者たちもこう言う。とくに海軍は、あれは、陸軍がやった。陸軍の責任だという。また、こうも言う。あれは、一部の者たちの暴挙から始まった。われわれは、命令に忠実に従っただけだ。こんなセリフを、軍部のトップクラスの者までもが、述べ立てていた。(盧溝橋事件……うちの会社で働いていた、満州国大尉、輝さん、あれは関東軍がやったっですバイ。自分は、そのとき、傍にいたっですよ。それを見ていたですよ)。

海軍の上層部たちのそのような意見が、戦後、書かれた本に残されている。戦後、海軍の資料室で勤務していたひとが、海軍のトップクラスの話として、そのように書き残している。彼らは、自分たちが生きている間は、書かないでくれ給えと頼んだ。そして、自分たちに戦争責任があると言った者は、だれもいなかった。その著者は、ラジオでも、それを述べられた。国を滅ぼし、他国に迷惑をかけ、自国、他国のひとびとが、大量に犠牲になった。わたしに残るものは、ただただ不信感のみ。ひと不信、社会不信、軍隊不信、国不信。

わたしの経験談をひとつ。将来を嘱望された、海軍の若い将軍がいた。わたしは、このひとに、少し世話になっていた。山本五十六元帥の部下として活躍していた。駆逐艦の艦長として、ドイツに行ったと、直接わたしに話した。わたしは、そのことを聞いただけで正義感が、体を突き上げた。通い詰めで、抗議した。わたしの抗議とは関係ないけれど、相手は商売をしていたが、詐欺の被害者となり失敗した。いいひとだったが、わたしは許せなかった。たくさんのひとびとが、命を捨てさせられ、失わされ、これについて、どんな弁解もありえない。そんなことは、ひとの思想のなかで、許されない。彼らは、ひとではない。

大量殺戮のために働き、国をも滅ぼした。「ひとは怖いよ、ゆう霊よりも、お化けよりも」。

ひとはひとではない、別の生きものだと、わたしは思い続けていた。

三　罪について

ひとの罪について、考えなければならない。この大変な難問が、わたしにできるかどうか分からない。できるかどうか分からなくても、なんとか喰らいついて、その辺りのことを見つけなければならない。でなければ、テーマの解明は、早々に頓挫してしまう。わたしの難問のテーマに対する、第一関門と思われた。罪について考えるにしても、ヒントは皆無。しかし、ひとを知るには、ひとの性質、とくに戦争を惹き起こす性質を解明しなければならない。どのようにして、どこから、この難問に取り組めばいいのか。手掛かりもないまま、およそ十五年くらい経過した。生きているひとの「罪」について考えている。それならば、生きているひとそのものに、そのどこかに、罪があるはずではないか。

それは、なにか。それを探さなければ。ここから動いてはいけない。じっくりここに根を下ろして、考察しなければならない。動くと見えなくなる。振り回されると思った。この辺りに、なにかヒントや手掛かりはないか。結果は、なにひとつ見つけられなかった。先人が悩み、考えていてくれれば、わたしは七十年以上も考えることはなかった。もっと時間の短縮ができたはずだ。とにかく、先人たちは、この点について、なにも仕事をしていない。

ギリシャの知恵、哲学、中世の知恵、スコラ哲学。そこにヒントはないように思われた。……ひとの罪、戦争をする、ひとの心理、社会の心理など、まるで思考が抜けているように思われた。ひとはひとを知らない。そして、平然と生きているところがある。不思議な生きもの、その不思議な脳・こころ。奇怪なことだと、思わずにいられなかった。

四　聖書との出会い

わたしのテーマのすべてのヒントが、実は、ここにあった。この先、長くなるので、結論を先に述べる。なにかいいヒントがあったのだろうと、早合点しないでいただきたい。わたしのテーマに、聖書が、そっぽを向き、対立するような関係にあった。これがヒントになった。信じるものがそのようなことになるなんて、皮肉もいいところ。

これも結論を先に述べる。聖書は、存亡のかかった民族の救いの書として書かれている。記事に矛盾があっても、聖書は、神を否定するところがあると思われても、神の言葉がひとの言葉で書かれていると思われても、突拍子もない、あり得ないことなども、理路整然と書かれているのではない。これらの言葉は、わたしの学んだ神学校の教授たちの言葉である。聖書は、神を否定するところがある。仏教は、大日如来を否定するところがある。

聖書は、民族の生き残りのために書かれた書である。海が割れる、死んで復活する、乙女が身ごもる。奇跡と言われるものも、書いた当の記者たちが、それが現実ではないのを知っていただろう。信仰上の事実だ。神は、奇跡を起こされる。民族の生き残りを信じれば、そこに奇跡が起こる。そうすればそこに、脳・こころの未知の力が芽生える。そのような効果を狙い、期待した。とすれば、それなりに理解できる。

……聖書は、民族の生き残りのために書かれた。けっして、地球全体のひとびとの生き残りのために、書かれたのではない……。ここを読み違えると、聖書を誤解し、キリスト教も誤解することになる。これから問題にする原罪も、ひとの罪について罪論を述べたのではない。人の祖先が神の命令に背いたことが、罪だと明記されている。原罪で、「ひとは、なぜ戦争をするか。戦争の名で、ひとを殺せるか」を解こうとしても、解けない理由は、ここにある。拡大解釈、身勝手な解釈をすると、破綻する。深くは、触れない。ローマ時代、ひっそりとした民族宗教を、世界宗教として表に出したことが、誤解を生んでしまったのではないか。

罪が見つからない。ヒントもない。そこに長い歳月をかけ、足を止めて、思索を重ねているうちに、少しずつ、問題が解け始めた。わたしは三十歳のころ、突然、キリスト教徒になったので、信じるところと、わたしのテーマが対立関係になるのは、驚きだった。それまで、聖書を読んだこともなかった。問題に直面したとき、納得しながら進む場合もある。しかし、対象物があまりにも大きく、先が見えないとき、わたしは、エイッと飛び込むことがある。これは、まさにそれだった。信徒になるなど、考えもしなかった。飛び込んだ。考えていては、時間が足りない。人生、いつどうなるか分からない。なにが起こるか、分からない。

戦後、欧米文学の翻訳本が盛んに出版された。文庫本。みんな貪り読んだ。なにしろ、鬼畜米英の時代には、そんなものは、読めなかった。読んでいるのが、見つかると国賊扱いにされ、刑務所行きは、間違いない。ロシア文学では、トルストイ、ドストエフスキー、ツルゲーネフ。ドイツでは、ゲーテ。フランスでは、モーパッサン、ユーゴー、ルソー。イギリス文学では、シェークスピア、ハーディ、モーム。アメリカでは、ヘミングウェイ、北欧では、アンデルセン。スペインでは、ドン・キホーテ。

子供の本では……、「家なき子」、「ああ、無情」、「母を訪ねて三千里」、「ロビン・フッドの冒険」、マーク・トウェインの冒険もの。世界文学のオンパレードだった。わたしは、心底、日本の国を嫌い、文化も全部嫌いだったので、世界文学にのめり込んだ。ついでのことを言うと、高校受験では県内ベストテン入りしていたけれど、大学にはいかないと決めていた。東大は戦争に加担し、止めることもできなかった。身勝手、ご都合主義の教育、教師も学生も、こいつら同罪と決めつけていた。そんなところには、行けない。

音楽では、クラシック。生演奏は、まだ、ほとんど聴いたことがない。ステレオもない。レコードなんて買えない。あるお金持ちが、クラシックのレコードを二十枚持っていると、友人が驚いていた。クラシックは、もっぱらラジオであった。当時の日本人は、とくに専門家たちは、ベートーベンかぶれが多かったように思う。傾倒していた。なにしろ、楽聖と崇めていた。あの力強い音の群れは、戦後復興のエネルギーを呼び起こしたということか。昭和三十年ごろには、純喫茶で、クラシックを聴かせてくれた。そんなところに入って、しかめっ面をし、眉間にしわを寄せて、あたかも特権階級のような雰囲気のひとたちが、聴いていた。ウエイトレスは、高卒、美人でなければ、採用されない。この女性たちも、すでに一流の職業人扱いだった。わたしも、わたしこそ、しかめっ面して聴いていた、ひとりだった。十代から、身分違いのことをしていた。そうでもしなければ、苦しみから抜けられなかった。この世に、ベートーベンの音楽があればこそ、生きていける。愛好家を超えて、信奉、信仰の領域だった。今思えば、滑稽だけれど。ベートーベンの音楽が、それほど、高度とは、今のわたしは思わない。

当時、戦後、昭和二十年代、エリート女性の職業は、喫茶店のウエイトレスの他に、電話交換手。タイピストでは、和文、英文は超エリート。すぐ、スチュワーデス（客室乗務員）が加わる。女性たちの多くは、工場などで働く、女工さんたちだった。そんな時代だ。ラジオは、盛んにクラシックを流していた。日曜の午後は、オペラアワーだった。ヨーロッパの絵は、まだ、ほとんど届いていない。たぶん、船で輸送するのに、問題が多かったのだろう。

以上の小説や音楽のなかに、聖書のことがいろいろ出てくる。文学にも、音楽にも溢れている。青年たちは、アメリカ文化の影響を受けて、教会へ通っていた。英語らしいものも、口にしていた。わたしの場合は、ヨーロッパ崇拝の前に、日本嫌いがあった。文学や音楽、これらの欧米の文化に触れながら、キリスト教がわたしのなかに入っていった。美しいものとして、憧れていた。それでも当時、キリスト教徒になるなんて、考えもしなかった。むしろ、悩みを抱えて、そんなところに行くのは、みっともない。悩みは、自分で解決する、神の力やひとの力になんか頼らない、軟弱だと思っていた。でなければ、ひとのやらないテーマなんて、できるわけがない。こんなものに、人生をかけた、なにもかも全部、自分でやると決めていた。

高校時代に、ミッションスクールに行っていた友人が、新約聖書を何冊か、学校で貰っているので、一冊上げると言う。しかし、それも貰っただけで、読むことはなかった。ひとの意見も、神々言葉、見解も、わたしは信じてはいけない。近づくのも、いけないと思っていた。そのころの思索は未熟だったけれど、直感的に、そんなものが役に立つものかと思っていた。そんなものが役に立つなら、ひとは戦争の悲惨さだけを、嘆き悲しんでばかりいるはずもないではないか。

先に挙げた、戦争を惹き起こす、ひとの罪やその心理などの研究が進み、どうすれば、ひとの本質、その罪との関わりで、戦争を止められるのか。このテーマが、問題にされていていいはずではないか。ひとの精神文化の中心にあるように、信じられていながら、現実の社会を見ていると、先ほどから述べているように、この点について、なんの役にもたっていないと思われた。つまり戦争についての、思索や研究などに、すこしも眼が向けられてはいない。

止めるんだよ、お前、みっともない。そんな方向へは行くな。テーマから、離れるぞ。自分でやれ。全部自分でやれ。やれるところまでやれ。わたしは自分に、言い聞かせていた。この点において、髪の毛一本ほども、ひとを信じてはいけない。神々も、同じ。わたしの疑問にも応えていない。応えようともしていない。もっとも重大な問題を無視して、進んでいる。古代から、欠けている。これは、なにも聖書の世界だけではない。文明・文化、古代より現代まで一貫して戦争の問題が、取り組まれていない。神の世界、聖書の世界、もっと広く神々の世界には、行くな。行っても、自分に必要なものは、なにも得られない。戦争とは何かが、取り組まれていない。平和も、取り組まれていない。平和に取り組むどころか、昔から、戦争ばかりくり返した宗教。あそこにあるのは、永遠の命、救い、いやし、なぐさめ、愛、平安、平穏無事だ。平和が、抜けている。

若いころ、なぜそうなのか分からなかった。キリスト教徒になり、年月を重ね、思索を続けていくうちに、その理由が明らかになった。そのことは、宗教の本質について、後で述べる。どこにもヒントはない、独自のテーマを持つものが、他を見ても仕方がない。ひととして生きる自分の悩みは、個人のこころの悩みは、自分で解決する。解決できないものは、解決できなくていい。わたしにとって自分が生きる意味は、ただひとつ、「ひとは、なぜ戦争をするか。戦争の名で、ひとを殺せるか」に尽きていた。このテーマが、曲がりなりにも、納得できるところまで分からなくては、どちらに向かっても一歩も動かない。このことに命を賭けていた。以上が、聖書との関わりの、第一ページである。

戦争を経験したひとだれもが、わたしの考えているようなことを、これまで話題にしたひとは、ひとりもいない。そんなことを書いた本にも、会わない。だれも、関心も、疑問も持っていない。これらのことを、ひとには話さないがいい。ひとと自分は、かなり違った人間だと思っていた。話題にすると、子供のときには、変わった子供だ。大人になったら、変なひとだ、にされてしまう。それに、なにかしゃべるにしても、手掛かりさえつかんでいない。こうして書き表すようになるまで、長い年月を要したのである。

テーマに関して、ひとりでやることに決めていた。自分のために、そして、戦争で命を落とした、落とさせられた多くのひとびとのために。この決心や、これまで述べられている、いろいろな精神文化に頼らない姿勢は、一度たりとも、間違いとは思わなかった。それどころか、自分で納得できる一番の道、これしかない道を歩いてきたと思っている。幼児期から七十年を超える現在まで、この点について、一点の疑念も抱かない、そのことになにひとつ曇りもない。

聖書との関わり、第二ページ。突然、教会に行くことになった。牧師の家族に誘われたのが、そのきっかけだった。十八歳ごろ、……三十歳になったらいいことがあると思っていたことがある。いつもの海辺に行く道を、ひとり歩いていた。突然、キリストが現れた。現れたように生々しかった。「そんなに苦しまなくていい。わたしのところへおいで」。「いいです。わたしは、あなたを信じていませんから」。キリストは、哀し気な顔をして、消えて行った。

三十歳になったら、いいことがある。この言葉が、なぜか頭に浮かんで、棲《す》みついた。理由は、分からない。なんのためかも分からない。丁度、教会に行ったのが、三十歳だった。十数年、頭に棲みついた言葉の意味は、これだったかと思った。一月二日だった。初めて入るプロテスタントの教会だった。玄関で、年配の女性の、丁寧なあいさつで迎えられた。しかし、そのとき、わたしの肩が重く感じられた。いい出会いになりそうな予感が、ないでもなかったのに、不思議な気がした。たくさんのことがらを読みに読んだ。物事を自分で読むしかない。頼れるものは、他に、なにもない。頼れるものは、その読みの力、能力だけだ。

古今東西の名著をたくさん集めていた。頼みとする聖書さえもが、テーマに対立する存在だ。テーマに対し、他に役に立つ本は、皆無だった。若いとき、文学青年だった。そのころ、その類の本は、読んだ。

わたしは、すぐ、教会のひとたちと親しくなった。若い元気なひとが少ないと歓迎された。わたしは、明るく元気だった。丁度、いいタイミングだったらしい。もっとも、そのころも今も、教会は、明るく元気な若者は少ない。ヨーロッパの国でも、最近、教会は、老人しか行かないなどと言われている。わたしは、初めて見る聖書、説教だった。わたしは、みんなにすぐ溶け込んだ。みなと、以前からの知り合いのように、親しくなれた。わたしは、一度会うと、そのひとと旧知の間柄のようになる。

最近、雨でない日はなるだけ公園に行く。行くと知らないひとに話しかけ、すぐ立ち話をする。話題はいくらもある。子供連れには子育て、他のひとには健康、歩き方、ジョギングの仕方、呼吸法、脳トレ、噛むこと、健康食のこと。世界中に、ごうつくばりがいて、ひとりで、何百何千億円も、兆円ももっている。一方、母子家庭の年収は、百五十万円弱だという。このことをどう理解すればいいか。ひとは、自分だけが戦禍から遁れて戦争に巻き込まれるものには、冷淡ではないか。法にのっとっている、やましいことはないと言う。それでは、法律に問題がないのか。法律は、初めに、強いもののためにある。申し訳に、弱者に、目を向けている感がしないでもない。

わたしは、混沌を書き表した。混沌は、どんなものであるか。ひとの始まりは、混沌との関係で、どのようなことになるのか。その詳細は、別のところで書いているので、ここでは省略。混沌の闇が終わり、光の世界が始まる前、その瞬間、混沌と光の世界を分ける、横一直線の虹がほしいと思った。横一直線の虹、そんなものがあるかどうか知らない。知らないけれど、どうしても、その虹を書きたかった。書いていいかどうか、気になりながら書いた。ところが、横一直線の虹は実際にあるという気象予報士の解説に出会った。とても、助けられた。

わたしは、ひとの罪、その罪を持つひとの研究をしながら、実生活では、無類のひと好きだ。これには、訳がある。終・敗戦後すぐ、七歳のときに、平和になるために、これから自分はなにをして生きて行けばいいか考えた。太平洋のゴミ程度にしかならない。けれども、ひとに親切にする。それ以来、ひとを笑わせたいと心掛けた。目の前にくるひとのこころを少しでも、軽くしたい。あのころは、みんな辛かった。戦争の傷跡が、体にもこころにも深かった。父が戦死した。子供が戦死した。兄が戦死した。空襲で、母が死んだ。子供が死んだ。焼夷弾で、家が焼かれた。長崎にも広島にも、ピカドンが落とされた。だれもが、つらい経験のなかにいた。経験したばかりだった。街には、孤児たちが、集団で生きていた。無人の神社などの床下などを、ねぐらにしていた。食べ物は、ない。畑の芋を、かっぱらうしかない。店の物を盗んで、走る。小学生が、下の子の面倒をみていた。そんな話は、珍しくなかった。ひとの気持ちをほぐしたい。わたしのダジャレや見知らぬひとに話すのは、戦後七歳のときの決意が根拠になっている。

教会に行った。教会に入れて貰って、順調な、求道が始まった。四、五ヵ月の間礼拝に出た。わたしは、すぐ受洗を申し出た。これと思ったら、わたしは一直線、決断良く、すぐ飛び込む。そのときは、まさしく、そうだった。いいひとたちばかりには違いないけれど、その教会での聖書の研究について、わたしは少し寂しさを感じていた。次の年の四月、神学校の信徒教育、夜間講座を二年間、受講させてもらうことにした。

十代までは、ひと前で口もきかなかった。学校でもほとんどしゃべらない。たまにしゃべると、「おい、坂元がしゃべるぞ。みんな聞け」と、教師が言ったりした。高校卒業後、友人に会った。普通にしゃべっていると、「坂元君がしゃべっている」だった。戦争周辺の、ひとの言葉がいい加減で、そんな言葉をしゃべりたくない。これが第一の理由。引いていた。ひと知れず、自分のテーマを研究していたことも影響していた。社会人、二十代になって、自営の土建業の仕事をしていた。仕事の打ち合わせは、しゃべらなくては仕事にならない。法律のゼミ。しゃべらなくては、ゼミにならない。そこを経ていたので、よくしゃべるようになっていた。むしろ、たくさんひとが集まる集会などでは、飛びぬけてしゃべった。

神学校で、クラスの世話係になるように言われた。恐れ多い。身の程知らずだけど、引き受けた。聖書すらほとんど、読んでいない。新入りなのに。みなさんが動きやすいように、聖書研究の役に立つ、世話係と自分に言い聞かせて、引き受けた。以上が、聖書との出会いのあれこれである。

五　原罪

罪について、思索を始めたとき、知っている言葉は、原罪だけだった。ひとがどんな特徴を持つ生きものであるか、ひとの罪は、ひとの本質を知る上で重要な要素だ。ところが、ひろく罪について、研究された形跡がない。もっとも研究の対象にされるべきものが、思索、研究されてこなかった。罪論が、原罪以外にない。これも、不思議な現象というべきではないか。このように、ひとは自分がどんな生きものであるか、関心がない、あるいは乏しい。深く掘り下げることをしない。たぶん、ひとの脳・こころの特徴からそうなるのだろうと、わたしには思われる。このことも、この後、明らかにできると思う。

原罪は、キリスト教では、神に背いたために発生した罪である。キリスト教のなかの罪ということを、まず、しっかり認識することが重要である。キリスト教徒に及ぶ、キリスト教徒にしか及ばない、限定された罪である。キリスト教は、その他に、罪について述べているところは見当たらない。わたしが問題にしている最大の罪、戦争の罪はもちろん、広くひとの罪についてなどにも、なにも触れられてはいない。つまり、信徒以外にある罪、通常の、一般のひとびとに対する罪については、見解が示されていない。

わたしの造語である「第一の罪」は、わたしの思索のなかで現れた、すべてのひとの罪である。この第一の罪は、宗教とはなんの関係もない。また、宗教以外のなにか特定の思想とも、なんの関係もない。歴史上の過去のひとびとから、現代のひとびと、たぶん、いや、たぶんではなく、決定的、確実に、これからの未来のひとびと、すべての人々が持つ罪のことである。

第一の罪は、地上に現れた、これからも現れる、すべてのひとびとの罪である。以上のことが、ふたつの罪の、根本的な違いである。そして、それぞれは罪であり、罪論であるけれども、このふたつは、比較対象になるものではない。

第一の罪に対し、比較できるものが他にないので、わたしは、このふたつを取り上げている。そして原罪は、広くひとの罪としては、役に立たない。なぜ、原罪だけなのか。この疑問が、わたしの思索を誘い、第一の罪を見つけ出す原因、きっかけになったのである。広くひとの罪や戦争の罪のためには、原罪が役に立たないので、わたしの罪論についての思索の始まりになった。信じるところが、このような状態なのは、かなり皮肉な面を含んでしまっている。つまり原罪は、第一の罪の発見に役立った。思索のための、皮肉なスタートとなったのだ。否定的な意味で、役に立ってしまったと言うべき結果になっている。以上は、両者の明白な違いの、第一歩と言うべきものである。

創世記の原罪の描写は、次のようになっている。有名な、アダムとエバ（イヴ）の物語である。エデンの園の中央の木の実を食べてはならないと、神はアダムとエバに命じた。アダムとエバは、蛇に唆《そそのか》され、神の命令に背いて、この木の実を食べた。神は、後に現れて、命令に背いたことを激しく、叱責された。この神の命令に背いた行為、これが「原罪」と言われるものである。これは、神話である。ところが、この神話は、はなはだしくほころびが目立つ。神話だから、どうでもいいではないか。どの神話でも、いいように創られているので、どうでもいいかもしれない。

しかし、この場合は、こんないい加減な神話では、どうしようもない。いくつか問題点を、挙げる。ひとの罪を明らかにするにしては、いい加減。第一に、ふたりが木の実を食べるとき、神はいない。後から出てきて、命令に背いたとして、激しく叱責される。それほど重要なことなら、後から、のこのこと出てこないで欲しい。ひとの性質の形が決まろうとするとき、後から出てくるでは、なんとも言いようがない。これは、神の落ち度である。それに、蛇ごときものに、唆されるのを知って知らないふり。ひとに原罪が入るのに、蛇と共同行為、歩調を合わせているようなものではないか。ひとは、この事件以来、ずっと苦難の道を歩くことになっている。そして、父たる神は、ひとり子をこの世に遣わして、ひとを罪から救い出すと言われている。神と蛇のこの軽率な共同行為とも思われるものは、後のひとの苦難と、対比・比較したりできるレベルではない。

これでは、神話としても、いただけない。しかも、後に、ひとり子を罪の清めのために、十字架にかける重大な事件へと発展させてしまう。この神話を分かりやすく、また理解できるように、説明できるだろうか。ストレートに読んで、わたしには、とても理解できない。神話そのものの、不可解さよりも、わたしが困るのは、こんな罪論で、ひとの罪を解明も理解も説明もできないことである。この神話の記述は、美しい。ロマンチックで切なくて、絵にも映画にもなっている。けれども、実質的になんの役にも立たない。罪論として特殊である。ひとの罪を見る場合、ひとがだれでも持っている罪についてであり、そしてその罪論でなくてはならない。

わたしの罪の思索、研究——つまりひととはなにものか、どんな生きものであるか——のために、これでは役にたたない。途方にくれた。途方にくれつつ、なぜそうか。なぜそうかは、創世記の原罪だけではない。なぜ、歴史的に、この点の思索や研究が少ないか。それは、ひとが、自分がなにものであるか、どんな生きものであるかについて、なにも思索をしていないからである。ひとは偉そうなポーズを取っていて、どうしてこうも間抜けであるか。わたしは、嘆き続けた。最初から、そんなことだろうと見当はついていたけれど、でも、実際に、歩み始めると、困った。こんなことだから、沢山のひとを殺しながら、日々を過ごし、歴史を歩いているんだ。ひとつの世紀、百年間に、ひとはひとをどれだけ殺戮したのかを考えると暗澹《たん》たる思いに駆られる。この点については、神々も、なにも仕事をしない。

神々なんて、言うけれど、いるかいないか知らないが、役に立たない。この神々の性格は、神格かもしれないけれど、古代人の、脳・こころには見合っていたと思えばいいか。その程度のことか。つまり、古代、神に願うことは、日常生活のこと。衣食住。今日、満足に食べられるか、ケガしないか、病気で苦しみ、命を落とすことはないか。このようなことが、現代よりは、はるかに切実だっただろう。いつも自然の災害から、身を守らなくてはならない。疫病もある。猛獣も襲ってくる。ひとも、お互いに他の集落を襲って、略奪しあっただろう。そのような日常生活のなかでの、神々の存在だった。そして、平安や無事やいやしや慰めや救い・死後の世界のこと、永遠の命を与えられるようにと、祈っただろうと想像する。助けてくださいと祈った。

創世記は、原罪という罪を創り出した。どんな意図で、創世記のこの部分が書かれたのか、理解に苦しむ。こんな幼稚なことを、平然と書いている。実はこれには、別の意味があるように、わたしには思われる。聖書は、この幼稚な表現を、もっともらしく、熱心に記述している。それは、随所に見られる。全編、その意図、精神で貫かれていると言ってもいいのではないか。

これと同じことが、同じ手法で、新約聖書に書かれている。これも有名な、ユダの裏切りの場面である。これも、ドラマチックで、絵画にもなっている。修復中の最後の晩餐を、イタリアの教会で家族旅行で見た。これもアダムとエバのあの場面のように、論理性も整合性もない。ただこのように書きたいという一心で、古代人記者の思うままに、神話的に物語を書いたとしか思われない。キリストは、このなかのひとりが、わたしを裏切ると言う。そこまで分かっていて、その者に裏切るなと言うでもない、それを避けるための行動も、なにひとつ起こしていない。最後の晩餐の後の時間、どのようなことがあったのか、それも一言も触れていない。

ユダと言えば、裏切り者の代表、キリストをおとしめた最悪の人物になっている。しかし見方を変えれば、ユダの裏切り行為があったからこそ、キリストの十字架への道が開けたとも考えられる。キリストは、十字架に架けられて、ひたすら神の子としての業を完成させている。嫌われ者、悪の極致の行動に出たユダは、考えるまでもなく、キリストの意図、父なる神のみこころの成就に、ひと役かっている。そのような敵役をさせられている。ユダの行為は、神の意思の成就のための、重要な役割を担っている。肯定的にみて、ドラマの影の主役というべき立場に立たされた人物というべきではないか。原罪の場合、最後の晩餐の場合、その他の、あるとは思われない数々の奇跡。これらの奇跡は、古代人といえども、あり得ないと知って書いただろう。

なんのために書かれたのか。滅亡の危機にある民族の存続のためである。ひとびとを奮い立たせ、生き残らせなくてはならない。苦難から脱出させなければならない。これが、聖書の緊迫した状況のなかの記述だと思われる。神話でも、あり得ない話でもなんでもいい。ひとびとに神の偉大さを信じさせ、苦境からの脱出に、命もなにもかも、すべてを賭けさせた。このように考えれば、数々の矛盾も、整合性のないのも、信ぴょう性のない記述も、納得できる。

創世記、神は、いろいろなものを創造し、ひとも創造された。女は、男のあばら骨から造られたとか、まったくいい加減なことばかり、並べ立てた。ひとについては、もちろん完全な創造行為をされた主は、いい出来栄えで、満足された。現実的には、ひとはいい出来栄えのひとではない。そのために、十戒もある。ひとが、完全に造られたのなら、原罪も十戒もありえない。創造されたひとと、現実のひととのギャップを、なんとかしなければならない。なんとかされたのが、アダムとエバの原罪の神話ということだろうか。神は、完全な創造行為をされた。それをダメにしたのは、人祖アダムとエバ、ひとだ。そこで先に触れた、取ってつけたような、アダムとエバのドラマが書かれることになった。完全につくられたひとが、神に背くのも変だ。神に背く、それでは最初から不完全なものではないか。

わたしは、神話であろうと、作り話であろうと、奇跡がいくつあろうと、その信ぴょう性がどうであろうと、そんなことを問題にはしない。奇跡なんかあってもなくても、どうでもいい。これも、あり得ないことと知って書かれたのだろうから。乙女が身ごもる、海の上を歩く、死んだものが生き返る、海が割れる。あるはずがない。これらの奇跡を信じれば、われわれの民族が生き残り、栄える。神は、生き残りの奇跡を起こしてくださる。だから事実ではなさそうだと思っても、とにかく神の奇跡を信じなさいと、読めばいい。

ある神学者の話。「いろいろな奇跡があるけれども、わたくしは、愛の奇跡は信じられます。

愛は、キリスト教の中心の教えで、神の愛は、価値のない、われわれひとをも愛してくださる」。後に触れるけれども、わたしは、愛は、平和から出るものでなければならないと思っている。キリスト教から出た愛は、キリスト教の世界のもの。それ以外の広く多くのひとには、及ばない。平和から出た愛は、すべてのひとに及び、すべてのひとに、広く受け容れられるべきものと考えている。

原罪が、キリスト教の世界に限定されるように、この場合の神の愛も、キリスト教の世界のものである。キリスト教徒たちが、征服者となったり、戦争を起こしたり、大虐殺をする。これは愛が、キリスト教の外の世界に及んでいない証《あかし》ではないか。愛は、平和から出るものでなければならない。戦争や虐殺をなくし、ひとがひとを殺さない行為こそが、愛である。戦争の名で、ひとを殺すことが最大の罪ならば、ひとが平和のために、ひとを殺さないことが、最大の愛であると、理解されるべきだ。この愛が平和から出ること、これは救いであり、脳・こころをいやし、なぐさめへと広がって行く。愛は、そんなものではないか。ひとびとは、この愛を育てるべきではないか。

原罪の記述は、以上のようなことである。検討したように、原罪は神との間にある罪だった。信徒に及ぶ罪だった。原罪は、広くひとの罪とは言えないのである。原罪では、ひとの脳・こころにある罪、戦争の罪も、その他の罪も説明がつかなかった。罪について唯一の手掛かりと思い、長い間、原罪に留まって、思案し、思索をくり返していた。空しかった。ひどくがっかりした。しかしながら、広くだれにでもあるひとの罪、第一の罪の発見のためのトレーニングにはなった。それでわたしは、だれでも持っている、逃れることのできない罪とはどんなものかを、知りたかった。

六　第一の罪

第一の罪は、わたしの造語である。第一の罪に入る前に、混沌の記述で気になっていたことがある。この混沌のわずかの記述に、三年を要した。混沌を書いていて、気になっていたこととは、……混沌に光がさして、闇が明けるとき、混沌のかなたに横一直線の虹が現れた……と書いている。書いているとき、わたしは、この美しさ、この現象がどうしても必要で、自分の憧れ、その思いが強かった。混沌の闇が明ける寸前、光の世界へと移行するとき、そのふたつの世界を分けるところに、横一直線の虹は必要だった。その一直線の虹は、光の世界の始まりの象徴だった。しかし現実に、その現象があるとは、まったく知らなかった。天空のドラマに憧れ、実際に、一直線の虹があるのは知らなかった。ところが、気象予報士の話では、横一直線の虹はあると。ただ、雲に密着して現れるようだ。この説明を、幸いにも、早朝ラジオで二度聞いた。ラッキーだった。書いて、十年も気になっていた。そのプレゼントでもあるまいが、夏の夕べ、新聞受けの裏のプラスチック板に、ブロッケンの妖怪が現れた。ピンポン玉くらいの小さな、鮮明な、丸い虹。以前、大自然の北岳で見たのは、雄大なブロッケンの妖怪だった。あのときは、偶然、肩の小屋と麓の山小屋で、それぞれふたりの友人がバイトをしていた。

罪について続ける。原罪論は、広くひとの罪の説明にはなっていない。ひとの罪はもっと多様で、広く、深いのではないか。ひとの罪は、どんな姿形をしているのか、どこから生まれるのか。どこにあるのか。ひとの罪は、ひとのなかにあるのは、間違いない。では、どのようにして作られるのか。作られたものが、内なる罪として、脳・こころに留まっている。留まっているものが、言葉や行為によって実現される。ひとの罪を問題にするのは、当然に生きているひとの罪である。生きること、生きてひととして存在するところに罪がある。そのようなことをグルグルと思索していた。何年間、考えていたか。原罪は、ひとの罪を説明していない。それが分かってから、十年前後、そのくらいは考えていたのだと思う。四十歳は、とっくに超えていた。

戦争の罪、その他あらゆる罪。ひと、罪、戦争、平和、神々との関係などの、いろいろな問題が、統一的に説明がつくまで、この苦労は、言語を絶した。

理論形成できない断片的な言葉で、四十年くらい考えていた。断片的な言葉は、一行の文章にもならない。理論形成したらしい一行の文章作りに苦労する。たとえ、一文になったとしても、それが論理一貫して、繋がるわけではない。どうしていいか分からないので、その徒労と思われる思索に明け暮れていた。たぶん、二十五年間もそうしていた。文章になって、自分の思想を表すまでに、二十五年を要している。

六十三歳、頭のなかで、全体が矛盾なく一貫した。それまでは、一貫性のない言葉、訳の分からない思索の端切れ、木っ端のようなものばかりだ。これが六十三年も、脳・こころを、泳ぎまくる、走りまくる。昼も夜も、夢のなかまで。二十四時間、思索中。断片的な言葉が、脳・こころのなかを、泳ぎ、走る。その変化は、多様で激しく目まぐるしく姿形を変える。考えている間、動く。いつもいつも、毎日毎日。思想の端切れ、木っ端でしかない。メモなんて、一行も取れない。頭のなかで考え、論理一貫させ、推敲《すいこう》、編集するより方法はない。ようやく頭のなかで、全体の理論が完成したとき、六十三歳になっていた。それから今日まで、文章にする作業をした。書きながら推敲を重ね、結局、ここでも、十年以上、三歳からだと、通して七十五年になっている。

自分の都合で動くのはいい。それは、休憩、リフレッシュの意味がある。しかし、ひとの都合で動かされるのは、思索上問題がある。思索が途切れるからだ。たくさんの友人、知人がいた。大変だった。その対応で、十年間は私生活がなかった。わたしは、もともとよく働く。労働は、よくやっていた。スコップやツルハシやハンドルを持って。しかし、この思索の日々や人生とは、両立しない。それで運よく、希望を充たし両立する仕事につけた。この仕事は、これまでにいくつか受けた、天の恵みのひとつだと思っている。

とにかく、なにも分からない世界にいる。わからないだけでなく、ヒントすらない。ひとの罪が分からなくては、ひとが、なにものかも分からない。ひとがなにものか分からなくて、戦争だ、平和だ、神々だ、文明だ、文化だと言っても、なにも導かれない。導いたとしても、役に立たない、想像物語、夢想物語、空想物語では仕様がない。遊びでやるわけがない。戦争の名で、ひとがひとを殺戮する。そこを突き止めたいのだ。それがテーマで、仕事となっている。もろもろの社会現象について考察するのに、社会現象の中心にいる、ひとがなにものかが、解明されていなくては仕方がない。

この曖昧で解明されていないひと。ひとは、自分がなにものかも解明していない。しようとしない。解明すると、とんでもないひとになるので、ひとの賢い、ずる賢い脳・こころは、直感的に避けたかと、わたしは思った。何万何千年もの歴史を続けていながら。すると、やっているわたしは、まぬけか。まぬけだろう。つまらぬことに憑りつかれて。ひととはなにかの答えがない。わたしの立場、わたしの側からすれば、よくもこんなひと理解で、いろいろと研究し理屈を述べてきたものだと、感心した。そこにある答えは、ピントはずれではないか。

そこで、先ず、ひと。なにものか。聖書には、ヒントがあると期待していたけれど、空しかった。この世界のひとは、特殊な性格を持っていて、ひろく世界中のひとについて、述べているわけではない。わたしは、ひろく世界中の普通のひとびとについて、罪を始めとして、もろもろの考察をしようとしている。そのようなひとの生き様、そのようなひとで構成されている社会について、考えたい。聖書を読めば読むほど、落ち着かない、奇異な感じがしていた。神に造られたひと、ここにその特殊性があった。ひとという生きものの本質が分かれば、ひとが惹き起こす戦争の意味が分かる。当然、平和についても分かる。ひとの本質が定まらないところでは、平和の意味も、ずれることになる。平和は、地球全体を覆っていなくてはならない。どこかの地域で戦争をしているとすれば、それは平和ではない。この場合、戦争をしていない地域は、平安、平穏、平穏無事というべき状態なのである。ここを混乱していては、平和が正しく理解できない。ここを峻別していなければ、平和の正確な意味は得られない。平和は、ひとの社会の問題であるので、ひと理解ができていなくては、平和の真の姿も形も現れない。

わたしは、こうも考えた。ひとは、自分たちが生来的に、戦争が好きであるのを認めたくないのではないか。おどろおどろしい、ひとの本当の姿を見たくない。認めたくもない。そのために、これらのものを正確に捉えるのを、あえて放棄しているのではないか。そのような身勝手な心理が働いた結果、平和や平安などの概念も、曖昧にしている。これは、わたしの勘ぐりか、それとも考えすぎか。

　これらのことについて、先人たちが、多少とも仕事をして、ヒントのひとつでも残していれば、わたしの苦労は、百分の一程度に、軽減されていただろうと思う。いやいや、わたしは、こんな割の合わないテーマになんか、取り組んでいなかった。ひとの罪のカケラでも発見していてくれれば、わたしなどが、こんな途方もない仕事をすることにはならなかった。ヒントが出ていれば、わたしなどに出る幕はなく、すでにだれかが、わたしの考えたようなもの、あるいは、それ以上の答えをだして、理論的な解決をしていたに違いない。原罪は、聖書の世界に限定された罪、その意味で、ローカルなもの、ローカル文化のものと言える。

　第一の罪は、ひとの罪、ひとのいない世界では、罪は存在しない。これは、後に述べる「聖平和」《※わたしの造語参照》が、ひとのいるところでは成立しないのと、同じである。ひとがいなければ、平和がある。ひとがいなければ戦争がない。その意味で、グローバルとも、ユニバーサルともいうべき、領域のものである。平和は、ひとから離れたところで成り立つものである。

原罪と第一の罪の違い

罪の始まり……原罪は、アダムとエバが神の命に背く。第一の罪は、食即罪。食べる行為に始まる。そのひとにおよぶ範囲……原罪は、その信仰を持つひと、神との関わりのあるひと。

第一の罪は、すべてのひと。

罪の範囲……原罪は、神に背く言動。第一の罪は、ひとに対する罪のすべて。

グローバルとローカルについて

グローバルとローカルについて、述べたい。宇宙はひとつ、自然はひとつ、平和はひとつ、これをわたしは、新アニミズムと考えている。新たな聖三位一体でもある。宇宙、自然、平和は、どれもひとの手が及ばない。ひとが介入しようとしてもできない。ひとの手の及ばない世界である。宇宙、自然について、問題はないと思われるけれども、平和については、誤解のないように、次のことを述べる。一般に、平和と平安、平穏、平穏無事とは混乱して考えられている。世界全体で見て、どこにも武力衝突のないのが、平和である。どこかに衝突があれば、それは平和ではない。衝突していない地域、ここは平和ではなく、平安、平穏、平穏無事の地域である。平安、平穏、平穏無事の地域のひとが、「今は、平和だ。平和はいい」というのは、正しくない。さらに平和は、ひとがいなければ戦争がない、戦争は、ひとのみが惹き起こすことを承知しなければならない。この意味で、平和が宇宙・自然と同列の地位にあると、わたしは考える。平和は、宇宙と自然とのなかにしかない。**本来、戦争するひとのいない自然そのものが、平和なのである。**地球上にひとがいなければ、即、平和なのである。戦争を惹き起こす原動力、この罪こそが、わたしの主張する「第一の罪」の最大のものである。

ひとから出るもの、ひとの関わるもの、どれも例外なく、対立関係にある。対立関係にあるものは、その対立が強くなれば、いっそう自己主張が強くなる。ひとは言葉で解決しない、言葉で相手を説得できなければ、究極的に、相手を抹殺、殺すという行為に出る。これは集団化すると、戦争や虐殺やテロを生み出す。情けないのは、この集団の場合である。集団、大きいもの、例えば国家、ここには倫理的なひと、いい意味での宗教的なひとがたくさんいるのに、これがそのとき、歯止めの役割をしない。これも、倫理的なひと、いい意味での宗教的なひとも、平和から出る愛や情けや倫理観がないことに、関係していると思われる。

平和から出るものでなければ、どれもこれも小さい存在でしかない。この場合、平和から出るものが、グローバル、対立関係のあるものから出るのが、ローカル。平和は対立しない。ローカルは対立する。グローバル文化、ローカル文化。平和はグローバル、それ以外のひとの関わるすべての文明・文化は、神々も含めて、ローカルである。平和は、戦争のない世界でしか成立しない、罪あるひとの関わりでは不成立、わたしが「聖平和」と名づけた理由である。

後に、「聖平和」の項目で、平和から出る、救い、いやし、なぐさめ、愛、永遠の命、死後のことなどに触れる。

七　食即罪と第一の罪　戦争責任について

では、どうすればいいのか。聖書に、戦争の罪を尋ねた。神に背く罪では、戦争の罪は解決しない。何年も何年も、あるときは、真剣に、あるときはぼんやりと、考え続けた。夜も、昼も。夢のなかまで。原罪との出会いの結果は、情けないことに、信じていた、期待していた聖書に、なにも導きはなかった。皮肉なことではないか。信じるものが役に立つどころか、「ひとは、なぜ戦争をするか。戦争の名で、ひとを殺せるか」のテーマには、なんの役にもたたない。けれども、これが最大のヒントになった。原罪は、神の命令に背くのが罪だとすれば、戦争の罪は、ここからは、ストレートには導き出せない。戦争の罪は、ひと自身が惹き起こす罪である。特殊な原罪の罪の領域と、第一の罪を持つひとによって惹き起こされる、広く一般の罪の違いに注目した。ふたつの罪の違いについて、あれこれ思いを巡らせていると、少しずつ見え始めた。ひとは、生きている。罪は、生きているひとが持っている。では、生きているひとのどこに罪があるのか。生きているひとのどこから罪が発生するのか。

食即生、食即罪

罪の根源は、ここだと思った。生きて食べること。食べて生きること。ここに辿りつくまで、何年かかったか。これを見つけて、思索が前進し始めた。生きている、食べる、生きる意欲、食べる意欲。生きる欲望、食べる欲望。欲望は、広く深く拡大していく。欲望、これも即罪みたいなものであるので、罪は、広く深く拡大する、さらに拡大し続けると理解していいだろう。戦争を続ける欲望、金力、経済でひとを支配する欲望。戦争の罪。膨大な数のひとを奴隷にした罪。何百万人ものひとをガス室に送った罪。数えればきりのない罪の数々。

こんなところで、ヒューマンとか、愛とかいっても仕方がない。罪に立ち向かっていない。巨大化した罪は、そんなちっぽけなものは、蹴とばしている。せせら笑っている。つまり、多くのひとは、せせら笑われる側にいるのではないか。せせら笑い、せせら笑われている。ひとは、攻守ところを変えることもあるので、せせら笑いも、立場を変えたりもする。人間社会は、悪しき揺らめきのなかにある。日常では、なんとかつじつまを合わせて、お互いの摩擦を避けようとしている。

しかし、非日常の世界では、残虐非道の脳・こころを持ち、弱肉強食の極致の行為をする。神がいるとする社会や国々で、アフリカのひとびとを略奪した。神がいるとする社会や国々で、そのひとたちを売り飛ばし、富をえた。略奪されたひとたちは、農園、プランテーションで、過酷な労働を強いられた。略奪した側の生殺与奪は、当たり前だったか。日曜は、着飾って教会に行かされた。奴隷たちが、従順になるように、行かされた。彼らの信仰のためではない。馴らしたのだ。

黒人の友人に、キリストは地獄の班長だねと、わたしが言った。そんなことはない、天国の班長だと返された。神がいてもいなくてもいい。作り話であっても文字通り神話の世界であってもいい。われわれを少しでもましなひととして導いてくれればいい。戦争をする者たちに、虐殺をする者たちに、アフリカのひとたちの扱いについて、信仰と愛のある行為がなされれば、それでいいのだが。ヒューマンも愛も、出どころがよくないのか。神は、いるのか、いないのか。仕事をするのか、しないのか。

製造者責任という考え方がある。ものを造り出した者は、そのものに欠陥があれば、それによって惹き起こされる損害の補償をするべきという責任論である。ひとを造ったと言われる神は、神の造ったひと同士が殺しあう戦争を、放置できるだろうか。自分の造り出した、ひと同士が、あるとき何百万も殺しあう。いやいや、神を責めるのは、よそう。神は、先人、古代人の過酷な生活から生まれたものと思えば、分かりやすい。生活の恐怖心、また自然への畏敬の念から生まれたもの。神は、そのようにして生まれた。それを過大評価して生きている現代人にこそ、問題がありそうだ。ここも、戦争の責任を負わない。負わないどころか、戦争の構成要素の一つである。ローカル文化の最たるもの、自分の存在を大きくして一切妥協しない。神は、想像上のもの、架空のものであると思えばいい。神の責任論なんかなくなり、神との間に生じる諸問題は、いっきに解決する。疑問も問題も、なにもない。わたし個人は、神がいてもいなくても、どちらでもいい。神がいると言うので、それならなんとかしてほしい。神らしいことをしてほしいと思うだけのこと。

古代人の知恵は、古代人の置かれている状況から生まれた。神々も、その生活状況に合ったレベルのものとして生まれた。そう考えれば、古代人を批判できない。問題は、社会が変化し続けていくのに、それに見合う思想を形成できなかったこと、それぞれの時代の責任、その時代の社会状況に見合う知恵を、見つけきれなかったところにあると考えるのが妥当だろう。古代人が、現代社会を見据えて、知恵を持っていたなんて考えられない。神々に、食べ物を与えてくれるよう、ねぐらを与えてくれるよう、病気や災難から守ってくれるよう、いろいろと助けてくれる、慰めてくれる、救ってくれるよう願った。古代発祥の神々、その性格は、現代の難問、戦争回避や富の偏在などに、対応するような神力は、もともと備わっていない。

このように考えると、わたしは無謀にも、神々を批判するようなことはしなくて済む。つまりその神々は、現代に見合う、現代人に見合う、現代人の社会に見合う、神々ではない。それを現代にも、最大の力を持つかのように、説くのが問題ではないか。古代に生まれた神々も、救い、いやし、なぐさめ、愛など、どの時代にも共通するテーマには対応している。古代でも現代でも、いつの時代にも共通するテーマには、古代の神々は、生きている。しかし、古代人とその神々が、考えもしなかった、必要としなかった、戦争を阻止する力、富の偏在を修正する力が、そこにはない。それもあるかのように、現代人が、その神々に祈る姿が、異様なのではないか。ここにも、ひとの脳・こころの正常でない部分を、見ることができる。

稚魚放流　かわいい子らの姿あり　回帰のサケ食う　ひとの哀しさ

子供のころ、自分で鶏を飼っていた。放し飼いもした。学校に行くとき、どこまでもついてくるほど、なついていた。あれから、わたしは、鶏肉は食べない。卵は貴重品で、病人が生卵を、一個食べられると話題になった。戦後の遠足では、ゆで卵を持ってくる者が、一人でもいると、みんな羨ましがった。春先、生まれたばかりなのは、ひよこで、黄色いピヨピヨひよこ売りが来た。白色レグホン。卵を産ませたい。箱に入れ、夜は、電球を布に包んでいれた。凍死しないために。しかし、それは、雌のひなを選別したあとの、雄ばかりだった。しばらくして、卵は、タダで農家の前に置かれることもあった。畜産農家のひと、子牛がかわいい、仔馬がかわいいと言いながら、売り飛ばしたり、肉にして食う。それも、わたしは、食べられない。

食即生、食即罪が見つかって、以後、次々に、新しい世界が開けた。生きているひとに、罪がある。生きているひとは、食べている。罪は、どこにあるか。ここに、食べるところに、あるとしか考えられない。書けば、コロンブスの卵だけれど、こんな単純なことに、何年費やしたことか。ここでも、先人の仕事のずさんさを見て、わたしは、ひどく憤慨したのを思い出す。ひとの食べる行為は、他の生きもののように、単純ではない。罪は、食べる行為から発生し、拡大して行ったと考えた。食べ物がいつでも間に合うように、備蓄しなければならない。備蓄できる者、できない者、ここでは貧富の差が生み出される。共同管理もされただろう。しかし、ここで生まれる欲望、力の差が、貧富の差ばかりでなく、ひとのもろもろの勢力大小を決定づけていくだろう。そして、罪は、大きくなるばかりだろう。

ラジオでの山陰の僧侶の言葉、「ひとの罪は、ひとが食べるからですかなあ」。食べる罪に、初めて出会った。

食べる罪、これを罪の根源とする食即罪、わたしはこれを「第一の罪」と名づけた。ひとの持つ罪の、いろいろな種類、内容について、その多さに、とても研究しきれるものではない。その罪の、一番ひどいものが、「戦争の名でひとを殺す」ことだと、わたしは思う。いくさ、戦争、虐殺、ジェノサイド、テロ。

言葉と罪

ひとという生きものが現れたとき、同時に罪が現れた。食即生であり、食即罪である。罪の歴史で言うと、これが最初のものである。次に、ひとが言葉を獲得したとき、これが二番の罪である。

言葉の持つ罪について考える。その前に、言葉以前について考える。言葉以前、ひとは、宇宙にあるもの、自然にあるものとコミュニケーションを図ったと言っていいのではないか。つまり、ひとは言葉を獲得する以前は、光、色、音、匂い、味、形などを分離できない全体として認識した時期があるのではないか。これは、わたしの言う新アニミズムの世界である。そしてこれは、個体発生における系統発生をくり返すということでもある。胎児からひととして生まれるまで、まだひとは言葉を知らない。これは、人類が生まれて、言葉を獲得するまでの時期と同じ状態を現している。これが、ひとの場合の、個体発生は系統発生をくり返すの意味である。

胎児も生まれたばかりの赤ちゃんも、声は発する。言葉はまだ知らなくても、光を感じ、音を聞き、匂いを感じていると言われている。人類の始まりのある時期、このような状況にあったと考えられる。言葉が、まだない。言葉の持つ、罪がまだない。あるのは、ひとの意思と関わりのない、光、音、風、形であり、これは、宇宙に満ち、自然に溢れるものとひとつである。ということは、これらのものは平和な存在なのである。光、……太陽の光、月の光、星の光。それを受け止めている地上の自然の光、色彩。音、……風の音、木々を吹き抜ける風の音、潮騒、波の音。形、……山の形、岩の形、雲の形、無数の植物の形、動物、昆虫などの形。ここは、ひとと無関係に、成り立っている。ひとがいなければ、平和な世界だ。戦争の意思などない。

ひとは、これらのものにいやされている。だが、光から、色、色彩、絵画と進むと、ここにはすでにひとの意思が入っている。進んだ分だけ罪が入っている。音も同じ。音楽になったとき、ひとの意思が入る。その分だけ罪が入っている。

形も同じ。人体を表現しても、建造物を表現しても、罪は入る。光、音、形の持つ罪と言葉の持つ罪とは、その罪の度合いを同列には考えられない。罪の度合いから見れば、光、音、形から発達している芸術と、言葉の文化は、別物と言えるほど罪の濃淡が現れている。光、音、形はそのものは、ひとに関わりなく、存在している。言葉は、ひとから生まれている。ひとが造りだしている。その成り立ちの違いが、罪の濃淡となって現れていると考えられる。

そして、この差は、作品となったとき、そのいやされ方の差となっていると思われる。絵画や音楽でいやされるのと、小説を始め言葉の芸術でいやされるのとの差である。言葉による表現は、脳・こころと一体化している。言葉はひとから生まれた。表現の広がりも深さも、絵画や音楽とは、比較ではないほど大きい。脳・こころは、言葉と一体化して、表現力が、広く深い。これは、第一の罪と広く深く結びついていることを意味している。言葉の持つ罪深さ。人間関係がうまくいかない。言葉による負の部分は、そのまま第一の罪の働きによるものと考えられる。ひとは、言葉で生きている。罪の言葉で生きている。言葉による、脳・こころの表現は、このことも意味している。

ママ……この言葉は、不思議である。わたしは今でいうイクメン、赤ちゃんのときから、育児に関わった。夕方、五時、母親がいなかった。この時間、いつもミルクを上げていた。長女、生後、六十三日か四日目、とつぜん「ママ、ママ」と声をあげた。第一声である。我が家では、それまで、一度も「ママ」という言葉を使っていない。妻は自分をお母さんと言っていた。なのに、とつぜんのママに驚いた。そのあとも、一度もママは使わない。次女が、生まれた。やはり、第一声が「ママ」だった。わたしは、ママは、おっぱいの意味だと理解できた。世界共通に、母親を「ママ」と呼ぶ意味が分かった。

このあと、少し言葉がしゃべれるようになって「分からないことは、なんでも聞きなさい」と言った。長女は、ほとんど一年間、毎日、十回も「これなに」と訊いた。よく、覚えた。おもちゃをたくさん与えた。出来立ての八畳の間に、テントを張ってあげた。姉妹で、よく遊んだ。公園にも、さかんに散歩に出かけた。体を動かした。読み聞かせもたくさんやった。長女は、ひとりでに、字が読めるようになった。五歳のとき、妹に、絵本の読み聞かせをやるようになった。ふたりとも、勉強は宿題だけでいいとした。しかし、ふたりとも、成績はよかった。絵や音楽も、早くからやった。合唱団にも入っていた。ピアノ、マリンバもやった。ふたりとも、絵をやるといいと思っていた。

今年、平成二十八年、「子供環境と脳の発達」で、脳学者が、わたしの育てたとおりの話しをしていた。おもちゃを与えて遊ばせると、脳に頭のよくなるタンパク質ができるのも、三年前に研究発表、ニュースになった。

こころ……脳・こころ

こころの問題。普通は「こころ」と表現する。しかし、わたしの場合は、「脳・こころ」である。こころとは、なにか。脳・こころとはなにか。答えは、簡単。脳・こころは、ひとりのひとが脳のなかに持っているすべて、それに、そのひとの身体的全部。このふたつが、こころ、つまり脳・こころである。脳のなかに持っているすべてとは、理性・感情のすべてである。それまでになされた経験、記憶のすべてである。未来について想像し、考えられることのすべて。その広さは、宇宙の果てまで行くだろう。その深さは、海の底、地球の中心まで行くだろう。脳が考えていること、考えてきたこと、未来について考えること。ここにある理性と感情。そして、これは、ひととの関係における思考も行為も、そのすべてを含む。美しいものもある。第一の罪のものもある。この点に関しても、無限というしかない。これが、ひとりのひとの脳・こころの性質であり、働きである。ひとそれぞれが、この脳・こころを持っている。それぞれの脳・こころは、他の脳・こころと、関係を結んだり、切れたり、反発したり、無視したりする。愛と憎しみの間を揺れ動く、摑まえどころはない。

こころの語源のひとつに、こころは、葉っぱに宿る朝露のようだという。手にすくいとろうとすると、ころころと落ちていく。捉えられない。捕まえどころがない。そう言われれば、そうかもしれない。ただ、これも、人工知能が進んで、言葉の解析が進めば、使われている言葉の「真意」が瞬時に分かるようになるだろう。脳・こころは、捕まえられる。見えるようになる。これは、恐ろしいことだ。ひとは、適当に、ゴマカシたり、ウソをついている。そのような特徴を持つ存在である。自分にも、ひとにも、そのように振る舞っている。このゴマカシもウソもバレテしまうと、本心、むき出しではないか。脳・こころの隠れ場所はなくなる。このときに、完全にひと崩壊だ。

ひとは、言葉で生きている

言葉は、美しい言葉、なぐさめの言葉、汚い言葉、醜い言葉などと、いくつにもくくれる。ひととひとの関係がよくなる言葉を使うと、生きることが、とても尊いものになることが、日常の自分を省みて分かる。分かるけれども、簡単ではない。脳・こころは、第一の罪で汚されているので、この簡単なことが、ひとには大変難しい。わたしは二十代の初め、自営の土建業で働いていた。昭和三十年頃のことだ。四、五人で、グループを組んで、九州の道路工事、ダム工事、団地の土地造成、飛行場の滑走路工事と働いていた。宿舎を構えて、通いのおばちゃんに、食事を作ってもらいながら。その中に不思議なひとたちがいた。仲間全員、ひとがいい。いつも、柔和。仕事はハードなのに。一体、これはなんだ。みんな気取らない普段着のこころを持っている。わたしは、ひどく打たれた。それ以来、六十年、そのひとたちを見習いたいという気持ちで生きてきた。でも、届かない。ひとの性格は、遺伝子が関わっているのではないかと、そのころから思っている。

神々の、こころは？

これは、深くたち入らない。多くの言葉を必要とする。神々のこころは、かなりの部分、ひとの脳・こころと一致する。神々のこころは、ひとに都合のいいようにできているように、わたしには思われる。ということは、もしかしたら、神々は、ひとではないかと。神々もひとも、罪や戦争について避けていることも、あるいは、ここらに……。神の言葉は、ひとの言葉で表されていると言った神学者がいた。これも、遠くない日に、人工知能が進んで、神々の言葉の分析から、その性格が明らかにされるのではないか。

わたしは、後に述べるけれども、自分神、ひとり神を持っている。これは、神と言ってもいい、信条と言ってもいい。後ほど述べる。

ひとがひとを大量に殺す

食即罪、第一の罪を見つけて、三歳から始まったテーマの答えに到達した。七十八歳のときである。「ひとは、なぜ戦争をするか。戦争の名で、ひとを殺せるか」。最大の罪の解決ができた。自分で、納得した。よくも、こんなことに七十五年もかけたものだ。素晴らしくもあり、下らなくもあり、自分でも、分からないところがある。(もし、これらのことを評価するひとがいたら、この先の研究を続けてください。よろしく、お願いします。わたしよりも優秀なひとは、ごまんといるはずです。)

この探求の目的は、第一に、ひと殺しのひとのひとりに生まれた、自分がなにものかを知るため。第二に、戦争で理不尽にも、ひとつしかない大切な命をなくした多くの方々に、捧げるため。後に加えた、第三は、後から来るひとたちのため。戦後、一九四五年、八月。ここから一歩も動かない。「なんで、あなた方が亡くなったか」を定点観測する。血の一滴までも注いで、追及する。「そして、ご報告します」この誓いも、果たせた。しかし、よくもこんな形、自分で納得する形で、フィニッシュしたものだと感心する。たぶん、多くの戦争犠牲者の方々の霊が、助けてくれたのだと思う。見えない力にも、感謝。母にも、感謝。

戦争責任について

ここには、不思議な責任論がある。戦争は、敵味方に分かれた正当防衛の反復、くり返しである。正当防衛であり、過剰防衛であり、あるときは、戦争でもないのに武器を持ち出し行使する侵略もある。さんざん殺戮していて、勝った方は、その罪を免責される。戦勝国では、多く殺害したものは、英雄として崇拝される。ひとを殺して、ヒーローではたまらない。これが人間の姿なんだから、たまったものではない。戦勝国が、敗戦国に、戦争責任を追及するのはある。これは、大ありだ。ひとびとは、裁かれ、国も財産も取り上げられるか、それに近い損害を受けることになる。勝った方が負けた方に、その責任を追及する。戦争責任は、喧嘩両成敗のように、双方の責任を追及する考え方もない。「ひとは、なぜ戦争をするか。戦争の名で、ひとを殺せるか」。大量殺戮した者が勝利する。いい答えは、導かれない。人間の限界を露呈している。そして、こんなひとを神々は造り、生かしている。神々は、ひとにとってもっとも重要なこのようなところで、沈黙したまま口を開かない。これも、神々の特徴である。

八　異邦人トーク

わたしは、自分のことを、異邦人だと思っている。宇宙人でも構わない。他のひととはまるで違う、ひとである。開戦の朝、母が「困ったことになった。戦争になった」と、呟いた。

「せんそうって、なあに」

「せんそうはネ、ひととひとが殺しあうの」

「……」

「ひとは、怖いよ。ゆう霊よりも、お化けよりも」

そのころ、ゆう霊やお化けが、よく出た。母は、三歳の息子に、分かりやすく、そう説明したのだろう。

「ひと殺しの仲間に生まれた」

「変なところに、変なものにうまれた」

戦争で、ひとがひとを殺す、そのひとがなにものか、生涯のテーマを背負って生きていたなんて、ついに、母には、一言もしゃべらなかった。しゃべると、母は重荷を背負う。ひと類の重荷を母が背負うことはない。わたしは、自分ひとりで沢山だと思っていた。神々も、避けているテーマなのに。テーマが解決した今も、まだ、墓前に報告もしていない。亡くなってからまで、そんな報告は必要ない。安らかな眠りにはならない。ひとは、亡くなると、平和の世界に戻る。天国でも、極楽でもない。亡くなって、平和の世界に戻っている母に、余計な、くだらないひと類の報告なんかしても仕様がない。

雲をつかむようなテーマに、取り組んでしまった。戦争を語り継ぐ。戦後から今日まで、長い間そう言われ続けている。若いとき、これは無理だと思った。歴史的な大事件のいろいろと記録は残っていても、語り継がれて、ずっと後世までの例は、ほとんどないだろう。関東大震災だって、語り継がれていたのは、経験者が健在のときまで。このひとたちの代が終わると、それは、文献とか、映像で残っているにしても、語り継がれることはない。震災と戦災は、規模が違うにしても、語り継ぐのは、経験者、体験者がいなくなると無理だろう。感情が途切れている。大切なことはもちろん語り継ぎたいけれど、ひとは、一方で忘れることで救われる。いやなことは、なるだけ忘れたい。その心理が働く。ひとの脳・こころはそのように、造られている。経験もしない後の世代のものが語り継ぐとしても、そこには、経験者、体験者と同様な苦しみや苦痛が、伴っていない。体験談ではない。物語だ。単なる、聞き語りにしかならない。それで、わたしはひととはなにか。戦争をするひと、戦争の名で、殺しあうひと、そのひとの罪やひとの本質を知りたい。ひとがなにものかがわかる必要がある。その上で、ひとのなすべきことを見つけたい。これが研究のキッカケになっている。不安定な語り継ぎよりも、このことはもっと重要なものと考えていた。ひとは、ひと自身を知ること。

あれだけのひとがひとつしかない命を落とした。無念だったろうと思った。そのひとたちのために、人生を捧げたい。子供のころ、博多湾を年中、朝な夕なに眺めながら、考え続けた。考えても、なにも分からない。ただ、自分は、戦争するひとの仲間に生まれた。

「変なところに、変なものに生まれた」

どうせ、ムダな人生、全部ムダになっても、仕方ないか、と思っていた。ひと殺しの仲間。自己評価は、低い。

以下に書くことは、これまで自分から、ひとに話したことはない。四十年、五十年の付き合いのひとにも、話さない。親兄弟にも、話さない。新聞に幾度か載ったことや、相手が、わたし以外から聞いたとすれば、それらは、別として。わたしは、自己評価が低いのが、以下の記述に現れる。自己評価が低いのは、身体的特徴がある。しゃべり始めるとき、字を書き始めるとき、震える。自己評価の低いものの特徴だという。

今までひとには自分から一切しゃべらなかったこと、自分がこれまでしてきたこと、考えてきたことなどを書きたい。そのときどきの生活を織り交ぜながら、なにを考えていたかを書かなくては、七十五年の本心が伝えにくい。抽象的な理論や結論だけを述べても、伝わりにくい。長年、いろいろと試行錯誤しながら、どのように思索をくり返し、その思索を積み重ねてきたかが、伝わらないだろうと思った。振り向けば、戦争。その上、うまくいったものは、どれもこれも捨てながら生きてきた人生なので、こうして書くのは、本来、わたしの信条に反している。ひと殺しのひとりに生まれている、という意識。

わたしが二十歳過ぎ、経営者だったころ、いいひとたちと一緒だった。みんな二十歳代の普段着のこころを持ったひとたちだった。四、五人で組んで仕事をしていた。九州の建設現場を移動していた。そのひとたちの、ひと柄に近づきたいと、それ以来、今まで、目標にして生きてきた。用務員のおばさん。この世の辛酸をなめつくしていて、普段着のこころを持っていた。脳・こころ、ひと柄は、いい場合も、そうでない場合も、遺伝子の作用ではないかと、昔から思っている。

思索生活を続けるについて、次の三つに助けられた。どれを欠いても、うまくいかなかった。この三つは、三十歳前後にスタートした。

一、法律　二、聖書　三、学校警備

〇法律

手始めに、そのときもっとも肌に合わない法律へ。わたしのテーマは、法律では片付かない。かすりもしない。しかし、嫌いなものに挑戦する、克服することで、自分を高めようとした。坂元くんなんかいいなと、多くのひとの前で、後の最高裁判事にオダテラレタ。司法試験、やらざるを得ない。この方には、ご縁があった。（ある先輩の修習生が、うちに来てくれたこともあった）。この方の、囲む会の提案者がわたし。みんなの前で提案すると「坂元くん、それいいな」。この会は盛会となり、四十年続いた。テーマがほとんど解決したころ、一度は、囲む会に出ようとした。しかし、そのとき丁度会は、終わっていた。判事になられたとき、最高裁は、再考裁にしてくださいとメッセージを送った。

わたしは、銀座の小さなビルに通っていた。その方の弁護士事務所は、五階。わたしは、夕方、その上へ通っていた。見つからないように、行き来していた。あるとき、突然ドアが開いた。「ダメじゃないか。いつも素通りして。入って、入って」。入ると、スタッフに「コーヒー入れて」。わたしの通る時間を知っていて、なかから見ていた。幾度か、電話した。まったく気取らない、仲間のようなしゃべりをされた。美声で歌われた。弁護士のなんとか君、知っているか。また、だれ君、今、民法改正の中心にいるよ。息子、医者。君も、早く本だせよ。この夏、この方の訃報を受けた。さわやかな、人柄だった。
裁判所に入ったこともないのに、本人訴訟を一件やった。証人尋問もやった。相手の専門家の準備書面をつぶした。裁判長……あなたは、よく勉強している。法廷で、あんなことを言うのか。法律、いい勉強になった。ゼミもたくさんやった。いい仲間がたくさんいた。試験に受かって、少し働いて、思索の時間を作りたかった。すでにいい仕事についていた。受かっても、やる気はなかった。途中でやめるのに、抵抗があった。しかし、黄金の椅子と、当時言われていた。わたしは、自分が生意気だと気づいた。受からなくてよかった。学校警備に助けられた。過分なものだった。

〇聖書
出会って助けられた。出会っていなかったら、テーマは、一歩も進まない。

〇学校警備
試験をやるなら、公立学校の警備がいい。先輩に教えられた。これは天職だった。学校警備は、なくすと言われていた。みんなで戦った。結局、一校転勤なしで、定年まで、定年過ぎても嘱託まで、三十年以上、お世話になった。校長、教頭さんたちと友達になれた。教師も、たくさん友達になれた。みんな仲良くしてもらった。今も、かなり付き合いはある。自分の仕事ではないけれど、清掃や花壇の仕事をした。実は、自分が怠けないためにやっていた。生意気にならないために。学校で、たいそう喜ばれた。信頼もされた。八十過ぎて、トイレ清掃のボランティアを十年間やっているひとがいる。このひとも、同じ、自分のためにやっていると。

就職してすぐ、警備員闘争が始まった。わたしの法律も役立った。労組の執行部が、わたしの発言を止める。閉会して、みんながまだいるとき、「この連中は、人間性までおかしい」と突き上げた。彼らは、下を向いた。翌日の朝刊、彼らの不祥事が出た。わたしは、知らなかった。市長でも、議員でも、以下同じ。

以上、法律、聖書、警備の三つに、助けられた。どれを欠いても、わたしの研究は、進まなかった。いいひとは、どこにもいた。普段着のこころを持った、ひと。自然、音楽にも助けられた。わたしは、ひとを恨んではいない。

第四部　聖平和

「聖平和」、これはわたしの造語である。一般の人々とわたしの平和に対する考え方が違う。そのために平和に「聖」をつけて、言葉を造らなければならなかった。なぜ、平和が「聖」なのか。これからそれについて、思索したところを書いてみたい。

「平和は、いい」。敗戦のあとすぐ、ひとびとは挨拶代わりに、また、口癖のようにそう言った。この言葉には、力が漲っていた。言葉に、激しい後悔と解放感があった。あのときの解放感は、七歳のわたしでも、体で感じるほどだった。それと同時に、バカな大人たちだと、わたしは思っていた。食べ物のない辛さよりも、夜といわず、昼といわず、空襲で逃げまどい、次の瞬間は、死んでいるかと思いつつ生きていた。それからの解放である。もっとも、空襲が頻発すると、うるさい、面倒くさい、死ねば終わりだ、それだけのことだ。大体、生きていても、この先の希望はない。死ねばいいだけのこと。死ねば、なにもかも終わりでさっぱりする。すっかり肚が据わっていた。わたしばかりではない。多くのひとが、くり返される空襲にうんざりして、防空壕に逃げ込むのに、緊迫感を失って、またかとゆるんだ態度を現すようになっていた。

敗戦の八月十五日の玉音放送からひと月かふた月、抜けるような秋空が、町全体、日本全体を覆っていた。山野も日本国も快晴の秋空だった。国破れて山河あり。山河快晴、ひとびとご苦労さん。あんなこと、よくやったもんだね。空気は今までになく、澄んでいた。澄んだまま、一瞬止まった。しかし、その澄んだ秋空は、続かない。一、二ヵ月が過ぎると、国情は、黒雲に覆われた。ひとびとも落ち込んだ。敗戦だ。それが重くのしかかる。この先、どうなるのか。なにが起こるのか、想像すらできず、ひとびとはみんな暗い顔になった。家庭でも、近所でも、あまり言葉は交わされなくなる。ボソボソとしゃべる。挨拶も、なんとか交わしている。足取りに力がなくなった。重い足取りにチビタ下駄かゾウリを履いていた。子供たちは裸足で歩いていた。わたしの育った博多では戦後二、三年間、子供たちは裸足が多かった。それは、冬の雪のちらつく日でも、そうだった。博多の冬も、玄界灘からの寒風でけっこう寒く冷たい。九州でも、鹿児島と博多では、南国のイメージとして、ひとくくりにはできない。

「日本は、平和でいい」、と言う。日本は平和だと、一般に認識されている。「平和は、ありがたい」と戦争経験者、お年寄りは言う。若いひとたちはそれも言わない。平和は当たり前なのだ。「平和憲法」というのもある。平和の語句は、慣用的にそのように使われている。けれども、これらの用法は正確ではない。

平和は、地球全体で捉えるべきものである。地球規模で安定しているのでなければいけない。

地球のどこかで、武力衝突、戦争がある場合、これは平和ではない。平和といえる状況ではない。

この場合は、平安、平穏、平穏無事というべき状況にある。部分的に安定しているだけの状況だからである。ある地域に武力衝突がない、戦争でない状態は、その地域に限定された安定で、これは平安、平穏、平穏無事というべき状況である。

以上が、私見による、平和と平安、平穏、平穏無事の区別である。この区別をはっきりしないで、平和について考えたり、戦争について論じても、誤ることになる。それだけではない。文明・文化、神々の理解についても、つまりひととしての自分の問題に始まり、ひとに関わるすべての問題について、誤りを生じてしまう。

一　平和と第一の罪

ひとは　ひとを知らない
ひとは　神を知らない
神は　ひとを知らない

これは、「負の三角形」か、それとも「失望の三位一体」か。

第一の罪「食即生、食即罪」は平和を乱す。第一の罪は広く深く、すべてのひとが持っている。ひとの脳・こころは、この罪に捉えられ、侵され、そして、ひとも神々もこれを除去することはできない。食即生、食即罪なので、生きているひとから、罪だけを取り去ることはできない。罪の聖めのために、主はキリストをこの世に遣わされたとされている。だが、現実に、キリスト教信者の罪が、清められた例を知らない。これは、神話的な特殊な場合なので、このようなやり方で、ひとの罪が消えることはありえない。原罪の罪は、人祖が神を裏切る行為、特殊な罪なのである。ひとの脳・こころにある第一の罪は、どんなやり方でも、消せないのである。消せなくても薄められればいいけれど、時代と共に罪は大きく進化し発展しているようにさえ思われる。ひとの知恵が、進化発展している。罪も、これと同時進行なのではないか。

兵器。ひとが自ら造り出したものなのに、もはや除去できるとは考えられない。兵器も、第一の罪と一体化している。兵器こそ、第一の罪の子そのものである。くり返される戦争と、これを支える最新鋭兵器の開発。世界は、やればやられる破壊的緊張関係にある。

さらに、第四次産業革命、人工知能。ここに現れ進化発展しつつある貧富の差を、すでに、ひとは戦争と同じように、制御できない様相を見せている。不気味である。所得格差、貧富の差は、経済や金の力で、金権中心の人間格差や人格格差までも、作りだしてしまうのではないか。

第一の罪が深くなるところでは、ひとの信頼関係は、薄くなるか失われる。ひとという生きものに対し、古代に現れた神々の力は、すでにあまりにも弱々しい。巨大化する戦争と所得格差の、現代のもっとも重要な二点のテーマについて、神々の反応を知ることはない。神々は、反応しきれていないのではないか。

二　平和と宗教

宗教には、平和があるように思われているらしい。そのような発言や主張が、なされているように思う。はたして、そうか。平和は、グローバルで見ても、ユニバーサルで考えても、一つのものでなくてはならない。宇宙は一つ、地球は一つ、平和は一つ。地球上のどこかで戦争をしている場合、それは平和ではない。平和を壊すものは、第一の罪であることは、すでに述べた。第一の罪を持つひとのいるところでは、平和は望めない。すべてのひとは、第一の罪を持っている。これが、平和を破壊する。

次に、平和は、価値観の分かれるところでは、成り立たない。価値観が分かれる、これはローカルである。ローカルなものは、自己主張をする。妥協も融合もしにくい。対立関係の根底に、第一の罪を持っている。民族、宗教、国家が、対立しやすくてすぐに揉《も》めるのは、このためである。宗教も、元祖から分かれていくのが、通常の姿である。いろいろな価値観が生まれ、分派されていくのも、珍しいことではない。しかも、いったん分かれると、元に戻って、ひとつになる例はほとんどない。分かれたものは、元に戻るよりは、むしろ対立が強くなり、相互不信、憎しみは深くなる。宗教の穏便さ、相手を思いやる愛や優しさなどはなくなる。のめり込んで信じるために、信仰の妨げになるものに対しては、容赦ない態度に出やすい。対立が高じると、戦争だ。このように宗教を信じるのも考えものだ。熱心に信じる危険。いい加減に信じる、他者への寛容性。これも、ひとの脳・こころの特徴からきている。どちらが賢いのか。どちらにしても、宗教の世界、信仰の世界でさえ、第一の罪に対応できないのではないか。

ひとは戦争の構成要素の一つである。宗教も、戦争を内在する構成要素の一つである。第一の理由は、宗教のところに集まっているひとが、第一の罪を持っている。第二に、宗教の存立自体が、独立的、排他的で融合や妥協できないために、構造的に、戦争の構成要素の一つになるものと考えられる。そして、これらのことから分かるように、平和は一つ、つまりグローバルの世界のもの。宗教は、それぞれが独立して多様に存在している、つまりローカル世界のものである。

三　グローバルとローカル文化

グローバルは、宇宙は一つ、自然は一つ、平和は一つのところに見られる。
その他、ひとの関わっているものすべては、ローカルである。
グローバルは、平和のみ、ローカルは、平和以外の文化の全てである。

新アニミズム

新アニミズムは、グローバルそのものである。宇宙は一つ、自然は一つ、平和は一つである。これを神と思うひとは、神でいい。思わないひとは、それでいい。こだわることはない。わたしは、「聖域」、「聖なる三位一体」と捉えている。これまでに現れた神々とは、次元の違うものと捉えればいい。ローカルの神々の存在と、グローバルの新アニミズムを確認し、それぞれを信じたとしても、矛盾することはない。住む世界が違う。次元の違うふたつは、衝突することはない。

宇宙は、包容力であり、自然は、恵みであり、平和は、愛である。宗教において、愛や慈悲と言われる。この愛も慈悲も、ひとつのローカルのところで言われているので、この愛も慈悲も、ひとつのローカルのものである。ひとつのローカルの枠を超えて、愛や慈悲が広がることはない。平和は、愛である。平和には、戦争がない。ひとがひとを大量殺戮しない。これ以上の愛はないと思われる。しかも、地球全体、すべてのひとの上に、広がりをもっている。これは、また救いでもある。戦争がなければ、お互いにひとは、いやされもする。ひとが亡くなる、つまり死後には、第一の罪も戦争も憎しみもなくなるので、そこに平和があるのが分かる。死後、永遠の命を認めるとすれば、この平和のところに、永遠の命があるのが理解される。永遠の命のある平和へ行きたければ、新アニミズムを信じたり、認めたりすればいいのではないか。これは、個人の自由であり、思想や信仰の自由でもある。平和と自分の間に、ひとが介入したり、神々が介入したりしない。新アニミズムとひとの間に、なにかが介入するのは、罪を深くする。なにかは、必ずローカルのものだからである。ローカルは、罪を持っていることは、度たび述べてきた。新アニミズムは、平和で、自由の世界ということになるだろう。

冒頭、ひとは、ひとを知らないと述べた。ひとは、神を知らない。神は、ひとを知らない。これは、将来、ひとは、ひとを知る。ひとは聖の三位一体を知る。聖平和は、ひとに広がることになるか。そうなれば嬉しい、有り難い。しかし、それが実現するとき、ひとの世界ではなく、新しい生きものの世界が実現しているのだろうか。それは希望とか夢の話。美しいものは、平和。平和は、美しい。

戦争は、終わるか

これは、ひと次第である。脳・こころを、いつも新アニミズムによって洗うことができれば、第一の罪は薄められる。頻繁に深く自然と接触すること。脳・こころと身体、つまり全体で感じたものを、美しい言葉に置き換える。ひとの造りだした言葉を中心にしない、広げない。罪を深くするから。これをくり返し訓練することで、脳・こころも、体も、言葉も造り変える。

戦争が終わるか否かは、ひと次第である。ただし、この訓練、言うはやすし行うは難しだ。通常、ひとにこれができるとは思われない。できれば、それは「第五番目の文明の発祥」くらいの大変化になるだろう。新しいひと、新しい生きものの出現だ。理屈では、戦争は終わらせられる。五番目の文明、ここから積み重ねられる文化は、それを可能にする。現実、ひとには無理だろう。この先も、紛争や戦争を続けながら生きて、歴史を続けるのだろうと考えるしかない。人間は、あるかないか分からない神々を信じても、文化を形成できる能力を持っている。ひと類が平和の集いを造って学習を続けていけば、ひとの脳・こころから第一の罪は薄れる。宗教・文化を造った手法に倣ってこの学習をつづけていく。そのような能力を、ひとは持っている。地球全体で考えると、これも難事業中の難事業だ。

今できること。現実的には、戦争や罪や平和などが、これまでのやり方で、つまり神々と共に、いっそう進められることを願うしかない。可能な限り、神々、宗教がお互いを認めて、共存されることを願いたい。そして、信仰の有無にかかわらず、ひとりひとりの生命の尊さを認めて欲しい。

自分神・ひとり神

ひとは亡くなると、そのひとの信仰によって、天国、極楽、地獄の、どこかに行くことになるのだろう。このように、死後の世界が分かれていて、ひとつでないのは、ローカル文化の結果でもある。

グローバルの世界、聖なる三位一体では、ひとは亡くなると、第一の罪から解放されて、必然的に、平和の世界に戻ることになる。わたし自身は、死後は平和な世界に戻ると考えている。あるかないか分からないところには、行きたくない。ひとは死後、ひとではなくなる。戦争を止められなかった神々の設定した、天国、極楽、地獄の死後の世界に行くなんて、煩わしい。ひとでなくなれば、戦争から解放され、その他の罪、さまざまな悩みから解放される。ひとであるために曇っていた平和が、自然に現れる。そこへ行きたい。ごく単純な発想である。

以上のもろもろのことを踏まえて、わたしは、「ひとり神」を造り信じている。神と表現すると、混乱が生じるけれども、適切な造語が、まだない。信条でもいい。実態は、そのようなものである。人生というと、重苦しい。人生を分かろうというと、脳・こころを、よくない方向へ導く危険性を孕む。言葉を使って、第一の罪のところへ深入りする危険性を孕む。人生でなく、人楽がいい。

宗教は、麻薬ともいう。これは、よくない言葉、ローカルな言葉である。ひとの脳・こころを束縛するからである。麻薬と言われる宗教の背景には、経典や説かれる言葉に、第一の罪が深くくっついているからだ。言葉は、ひとが造った。言葉から第一の罪を薄めるには、宇宙や自然や平和の力で、言葉を浄化するのがいい。

汚れを払しょくする一例

空……星空、満月、青空、白い浮雲、海、山、森、野原、高原。
花……菜の花畑、蝶、ひまわり畑、コスモス畑。
などと、暇なとき、いつでも一日何度でも目をつぶってこれらの光景を想像してみる。この想像の世界で遊ぶ。ここには、本人以外、ひとの思いが入っていない。罪ある言葉は、入っていない。これだけでもいい。

さらに、イメージではなく、実際に自然に密着して生きる。その一例。自然を、脳・こころは勿論、自分の感性すべてで感じとる。

自然のめぐみと導きに感謝する。

色……太陽・光、星、月、空、雲、海、川、木々、花。

音……風、波、小鳥の囀《さえず》り。

形……雲、波、植物。

匂い……土、木々、花。

さらに、海、山、広場のスポーツ、散策、木々と交流、花、野菜づくり。美しい自然を、美しい言葉に変えて、脳・こころに取り入れる。平和は、美しい。美しいものは、平和。ここは、楽園でもある。

四　自分神・ひとり神を造る　楽園

ひとは、言葉で生きている。先に述べたことを実践すると、つまらない方向、古い思想を導きたがる方に向かって考えなくなる。自分をいたわり、ひとにもやさしくなれる。大切なもの、欠かせないものを、十項目か十五項目くらいに書く。基本は、美しい言葉で、いやされる言葉で、前向きな言葉で、楽しい言葉で、汚れを払って。宇宙の光、自然の恵み、平和のやさしさに感謝。これに続く祈りの言葉、あるいは唱える言葉。これは一人ひとり、個人の思想信条や生活によって違うので、内容は、個人の自由がいい。思想、信条、信教の自由。自分を含めた、家族の平安や仕合わせや健康を願う。友人、知人の平安や仕合わせや健康を願う。生きていること、ひとびとに感謝する辺りまで、共通項目だろう。

五十年も祈っている。あるとき、新アニミズムに従って祈っていると、ひとのために祈っているのに、自分がとても安らぐのを覚えた。祈りは、あるいは唱えは、ひとのためだけでなく、自分のためにもなっていると実感した。

わたしは、朝夕で、一時間くらい祈る。眠る前にも、短く祈る。寝る前には、家族一人ひとり、それから身内の者のために「いい眠りといやしといい夢を与えられますように。明日は、……さんに、いい日でありますように」と。友人、知人のためにも。

脳育……自分神、ひとり神を実行し続けると、脳育になる。脳育とは、自分の脳・こころを自分で育てること。脳トレが言われている。運動、呼吸法など。脳育は、これに言葉が加わる。新アニミズムから受けるものから言葉に変換、美しい言葉、やさしい言葉など……脳育の基本。この言葉は、自分のためにも、他人のためにも、そして良い人間関係を結ぶ、平和に繋がるためにも一番の基本となる。

用語の説明・わたしの造語

1 第一の罪、食即生、食即罪　……　本書「第三部　罪論・第一の罪」を参照。

2 脳・こころ　……　こころとは、脳とは、なにか。考えたり、思ったりするのは、こころか脳か。どちらか分からない。それで脳・こころ、とした。……ついでに、こころとは、なにか。頭脳と体のすべてが、こころ。

3 グローバルとローカル　……　宇宙は一つ、自然は一つ、平和は一つの新アニミズムの平和、それから世界の平和という場合の平和、これらの平和をグローバルのものとした。

4 ひと、ひと類　人間、人類　……　人間、人類では、古い。わたしの新しい理念に適合しない。それでひと、ひと類とした。

5 新アニミズム　……　宇宙、自然、平和。聖なる三位一体「ひとがいなければ、そこは平和」。従来のアニミズムに平和が加わっている。

6 脳育　……　自分の脳・こころを言葉で育てることなど。

聖平和とローカル文化の住み分け

1　聖平和とは、ユニバーサルでもあり、グローバルでもある。新アニミズムのひとつ。新アニミズムとは、宇宙はひとつ、自然はひとつ、平和はひとつの三つからなる。聖なるもの。聖なる三位一体。

2　ローカルなもの。ローカル文化。神々は、たくさん存在する。それぞれは、ひとつの独立した世界を形成し、他とは、融合しない。むしろ、分裂するのが普通である。

3　ひとの作りだす思想。2は、神々の世界。3は、ひとの作りだした世界。

罪の階層

1　新アニミズムから届けられる、色、音、匂いなど。

2　1から届けられた色、音、匂いを言葉に置き換えて表現する。言葉は、ひとが造りだしている。ひとを経ているので、第一の罪が含まれるのは、避けられない。色も絵画になると、言葉ほど直接的ではないけれども、罪を含む。音は、罪深い音が成立しにくい。その分だけ、音楽におけるアニミズムの純度が高い。音、音楽は、幸せ。だから、ひとが音、音楽に、いっそうに引き込まれるのではないか。

3　言葉は、音、色が新アニミズムに与えられているのと比べて、ひとから出ている。罪深いのは、避けられない。美しい言葉をたくさん造り、たくさん使うこと。美しい言葉は、新アニミズムの導きによって作られる。戦争や争いから出る言葉は、最悪である。第一の罪深いものである。ひとの世界を、滅ぼす。

あとがき

幼少より考え始めて、思想の世界を一巡した。四十代までは、子供のような、疑問を持ち続けていた。大人は、ろくなものではない。戦争で、なにもかもボロボロにして。幼児期の、その恨みが、研究のエネルギーになっている。あんな大人になりたくない。後から来るひとに迷惑をかけたくない。「ひとは、幽霊よりもお化けよりも、怖い」。「ひとは、なぜ戦争をするか。戦争の名で、ひとを殺せるか」。「神々は、なぜ戦争を止めてくれないのか。止めるのか、止めないのか」。「ひとの罪は、どんなものか」。「平和とは」。ひとにも音楽や絵画や自然にも助けられた。自然と共に、そのときどきの生活のなかで模索したり思索したりしたものを、そのまま書き留める必要があった。わたしの生き様を、そのままに。それが新アニミズムに繋がった。

終・敗戦は一九四五年、七歳のときであった。そこで足を止める、定点観測すると誓った。今、それを果たした。

付記

妙見岬を探索した。生の松原。十代は、ここで生きていた。白砂青松の海岸を取り巻く広い一帯は、民家がなく、ほとんどひと気がない。雲母を含んだ砂浜なので、岩場がない、藻がない。魚がいない。釣り人がいない。唯一、夏休みだけは、子供中心の海水浴場となる。それ以外は、ひと気がない。松林も、海岸も、岬も。そのころは、散策や散歩なんか、する余裕もなかった。戦後まもなく、みんなくぼんだ目をして、働いていた。自転車もない。バスで来るしかない。バス代がない時代だ。たまに友人と、それ以外は、ひとりでわたしはそこにいた。きれいな海、岬の陰になっていて、波は静か。夕日が、筑紫富士に落ちていく。夕日のさまざまな色の変化に、魅せられていた。一、二時間、元寇防塁の跡の砂丘にいたりした。寒風の冬の日と台風以外は、そこにいた。泳ぐと、雲母の粉が、体に付いた。夜は、夜光虫がたわむれた。月夜は、金波銀波が無限に広がる。

六十年間、一度だけ行けれど、行ったのは、そのときだけだ。海岸に、数隻のヨットが係留されている。ここを舞台に、小説を書いた。

妙見岬、妙見信仰、北極、北斗、北斎、なるほど、妙見信者の北斎の「北」は、この繋がりか。そう思った深夜、夜が明けると、十一月二十二日、すみだ北斎美術館が開館する日だった。以前、「神奈川沖浪裏」を「狂える浪」として、小説にした。絵を見ていると、あの浪に、眼光鋭い眼が現れて「オメエ、分かるか。オレの気持ちが、分かるか」と迫られた。手には、いつもの六尺棒持ち、振り上げて、すごんできた。「富士は、オレだ。浪は、下手な絵師どもよ。オレが、呑めるか、フン！」。こうも言う「富士は、間抜けな、幕閣どもよ。見ていろ、今に蘭風やヨオロッパの風に呑まれるのよ。オレに探りを入れやがって。おかげで、三浦に潜んだよ。三浦八右衛門、ハハハ。あれは、オレだよ」。

「変なところに変なものに生まれた」わたしは、ひと気のない生の松原と妙見岬が、住みかだった。十一月二十二日、北斎の後、すぐ、わたしの住みかをドローンが飛んだ。空撮。妙見岬から北二キロ半のところに能古島が浮かぶ。島が過疎化して、物が手に入らない。ドローンで運べないか、実験した。そのニュースだった。今も、岸壁で、ひと気のないところ。六十年、行ってみたいところ、その間、いつもこころにあったところ。それが偶然、ニュースで見られるなんて。空撮で。言葉がない。「こころ旅」も撮影された。ここがあって、戦後、わたしは生き延びられた。日本も日本人も、大っ嫌いだった。「バカどもが、なにもかもメチャメチャにしやがって」。先人の知恵を信じなくなった。自分の思想の畑に、野菜を植え続けた。「血の一滴までもそいで、なぜあなた方が死ななければならなかったか、追及します」。約束は、果たせたつもりだ。
だれにも言わなかったのに、一方で、わたしの嘆きを知るかのように、子供時代から、会うひと会うひと、みなやさしかった。以来、今日まで続く。

（二〇一六年十二月八日・開戦日）

追記

このたびの出版に際し、鳥影社の皆様には大変お世話になりました。編集部長の小野様は、わたしよりずっとお若いのに、戦争のことに大変詳しく、また思想的なことなども教わりました。担当の北澤様には的確な実務の打ち合わせを、校正の矢島様には専門的なご指導をいただきました。電話応対の女性オペレーターの方にも、いつも丁寧に「はい」と応えていただきました。皆様のおかげで、わたしの腕がワンランク上がり、今後の活動に役立つことと思います。わたしは、公園でも、電話でも、店でも、誰にでも声を掛けます。いいひとに出会うと〝おかげで命が延びたよ〟と。鳥影社の皆様と出会って命が延びた思いがいたします。

二〇一七年八月　　坂元　輝

〈著者紹介〉
坂元　輝（さかもと　てる）
昭和 13 年（1938 年）福岡市生れ。

戦争は終わるのか
—平和論と戦争論—

定価（本体 1500 円 + 税）

乱丁・落丁はお取り替えします。

2017年8月15日初版第1刷印刷
2017年9月13日初版第1刷発行
著　者　坂元　輝
発行者　百瀬精一
発行所　鳥影社 (choeisha.com)
〒160-0023 東京都新宿区西新宿3-5-12トーカン新宿7F
電話 03(5948)6470, FAX 03(5948)6471
〒392-0012 長野県諏訪市四賀229-1(本社・編集室)
電話 0266(53)2903, FAX 0266(58)6771
印刷・製本　シナノ

ISBN978-4-86265-626-1　C0095